変わりゆく供養と
お墓のカタチ

いまどきの納骨堂

井上理津子

はじめに——どうして納骨堂なのか

近頃、新聞に納骨堂の広告が連日のように載る。電車の中でも駅の構内でも、納骨堂の広告をやたら見かけるようになった。

〈都心にお墓を持とう〉

〈○○駅から徒歩○分。交通至便〉

〈天候に左右されず、手ぶらでお参りができる〉

などといったキャッチコピーが目にとまる。この5、6年の間に、都心に新しいスタイルの納骨堂が急増しているのである。その多くは「自動搬送式」と呼ばれる、立体駐車場と倉庫を組み合わせたような形式の納骨堂だ。

見に行くと、まず外観に驚かされる。美術館や高級マンション、あるいはオフィスビルのように見える建物で、中に「お墓」があるとは到底思えない。館内に入ると、ホテル並みのロビーにフロントがあったりもする。

パネルにカードをかざすと、「今、空いています」の参拝ブースが示され、そこへ行けば、厨子《ずし》（骨壺を入れた箱）が保管庫からベルトコンベアで運ばれてきて、元より設置された墓石の上にセットされ、「うちのお墓」となる。大同小異、そのような仕組みである。線香（電子線香）も花も恒常的に用意されているから、「手ぶらでお参り」も誇大広告ではない。

かつてのお墓につきものだった、どこか暗くて、うら寂しい空気感など皆無だ。このようなカジュアルなお墓参りを喜ばしいととらえるか、脈々と培われてきた墓参の雰囲気がなくなって嘆かわしいととらえるか。嘆息や分析の声も横目に、納骨堂は四の五の言う隙もないほど、受け入れられてきている。

登場したのは1990年代の後半だが、目下、首都圏には、建設中のところも含めると約30か所に及び、完売すれば12万〜15万人が使用することになるらしい。明治時代からの歴史を刻む都立霊園8か所の使用者数の合計は約28万人だから、今や自動搬送式の納骨堂は誕生して約20年で、なんとその半数に届こうとしているのだ。

多くの納骨堂は誰もが「宗教不問」で購入でき、宗教的にもカジュアルだが、経営は宗教法人だ。寺の境内の一角に立つところも、新たな土地に建設されたところも、納骨堂自体が「寺」だから、館内に仏様が安置されており、常時でないにせよ僧侶もいる。

厚生労働省の人口動態統計（2017年、概数）では、生まれた子どもの数（出生数）は94万6060人と過去最少で、死亡数は戦後最多の134万433人。さらに、団塊の世代が93歳になる2041年に約166万人に達し、ピークを迎えると予想されている。「多死社会」に向かい、お墓の需要がますます高まる反面、お墓の継承がなおもって困難になることは自明の理だ。熊本県人吉《ひとよし》市が、「市内の墓1万5128基のうち、42・7%が無縁墓（長く、お参りされた形跡のない墓）だった」と調査結果を発表し、衝撃が走ったのは2013年だった。継承を放棄され、置き去りにされてしまうお墓が増加する一方で、遠隔地にあるお墓を住まいの近くに移したいと考える向きは存外に多い。

一般社団法人「お寺の未来」（東京都港区）が2016年12月に全国の20歳か

ら79歳の男女1万人を対象に行った「寺院・僧侶に関する生活者の意識調査」によると、「家族など自分に近しい人のお骨を、どのように埋葬したいですか」の問いに「先祖・家族と同じ（一般的な）お墓」と回答した人は66％、「自分のお骨を、どのように埋葬してほしいですか」の問いには同様の回答者が51％にとどまった。かつて「当たり前」だった「先祖、家族と同じ一般的なお墓」への埋葬の習わしの継続を望まない層が、4～5割に及んでいるのだ。

そのような状況の中で、新規に持つにせよ、移転させるにせよ、土の上に建てる一般的な墓石形式以外のお墓が隆盛となってきたのは、うべなるかな、である。樹木葬、共同墓、永代供養墓、海洋散骨といった形式も珍しくなくなった感があるが、目を見張るのはやはり納骨堂だろう。

どうして納骨堂なのか――私の問いかけにあるご夫婦はこう話した。

「夫婦ともにひとりっ子で、双方の両親もひとりっ子。それぞれの実家がふたつずつお墓を守ってきたが、私たちが4つの墓を継がなくてはいけなくなり、ご先祖様に申し訳ないという気持ちをふり切ってひとつにまとめることにした」

皆さん、「お墓問題」にああでもないこうでもないと悩み、そして結論を出す。新しいスタイルのお墓を通して、今めかしい供養のかたちや継承のあり方、さらには私たちの社会とお寺や故人との付き合い方が見えてくるのではないか。そう思った私は、さまざまなお墓を巡る〝旅〟に出ることにした。本書は「お墓、どうしよう?」「お墓、どこにしよう?」と悩む人たちの解決の一助となりますように、との思いも込めて綴った、お墓の見聞記である。

(本書では「お墓を買う」という表現を使いますが、お墓を設ける区画そのものは買うことができず、寺院や霊園から「借りる」ものです。しかし、用語づかいの慣習による伝わりやすさを優先し、「お墓の区画の使用権」を取得すること、および「墓石」の購入を指して、この表現を用います)

いまどきの納骨堂
変わりゆく供養と
お墓のカタチ

目次

はじめに――どうして納骨堂なのか……002
第1章　墓じまいと改葬の本音……011
第2章　自動搬送式を選ぶ人たち……057
第3章　仏壇、ロッカー型と永代供養墓の進化形……111

第4章　樹木葬の人気ぶりと女性専用墓……161
第5章　散骨・送骨・0葬ほか知っておきたいこと……205
おわりに――お墓の未来……250

装丁　鈴木千佳子

第1章

墓じまいと改葬の本音

近頃、「墓じまい」や「お墓の引っ越し」
「改葬」といったことがメディアに
よく取り上げられるが、実際はどんな人が、
どういう手順で行っているのだろう。
手続きは煩雑？ 実務はかなり面倒？
元の寺に高額な離檀料を要求される
というのは本当なのか。

「ブランド墓地」に異変あり

秋の週末、東京きっての「ブランド墓地」といわれる都立青山霊園を歩いた。東京ドームの6倍近く、26万平方メートルもの広さがある。南青山のビル街にほど近く、六本木ヒルズを遠景に桜並木が続き、地面には伸びた芝生が青々としている。大きな墓石が立つ広い区画も多く、大久保利通、尾崎紅葉、北里柴三郎、エドアルド・キヨッソーネら各界の歴史上の人物のお墓も点在する。

1874(明治7)年に、谷中《やなか》(台東区)、染井(豊島区)などの霊園と共に、東京府により共葬墓地(公共墓地)として造成されたのが始まりだという。もっとも、もともとお墓に縁もゆかりもなかった場所ではなく、郡上《ぐじょう》藩(現在の岐阜県郡上市)の藩主・青山家の下屋敷の跡地で、公共墓地になる前は、神道のみの神葬祭の墓地だった――と、少しだけ知識を携《たずさ》えて、やってきた。

さまざまな時代のさまざまな人々が眠る場だと思いながら、行きつ戻りつする中、花と線香を手向《たむ》け、お墓参りする人たちの姿があった。子ども連れの賑やかな家族、かなり年配の夫婦……。もっとも多いのは、50代後半から70代前半と思われる夫婦あるいはひとりで来ている向きだ。黙々と、墓石をタワシでこすって洗い、磨き上げている人たちも何人か目に付いた。

そんな人いきれのする区画がある一方で、お参りに来る人が長くいないと見てとれる区画も少なくないことに気づく。ざっと30区画に1区画は、草ぼうぼうだ。墓石が残っているところと、墓石がすでになく、空き地になっているところがあり、前者には次の2種類どちらかの立て札が掲げられている。

〈この墓所のご縁者様は、下記番号をお控えのうえ、霊園事務所にお立ち寄りください。

整理番号△△－△△△△　霊園管理事務所03－……－……〉

〈東京都からのお知らせ

墓地整理のために無縁墳墓等について改葬することとなりましたので、当該墓所使用者等、死亡者の縁故者及び無縁墓所等に関する権利を有する方は、本立札に掲載された日付の翌日から一年以内に下記連絡先にお申し出ください。

なお、期日までにお申し出がない場合は、無縁墳墓として改葬することになりますのでご承知ください。

1、墓地の所在地　東京都港区南青山2丁目32−2
1、墓地の名称　東京都立青山霊園
1、死亡者の氏名及び本籍　△△△、△△△
1、改葬を行おうとする者　東京都新宿区西新宿2丁目8−1　東京都知事
連絡先　東京都立青山霊園　電話03−……−……
管理手数料滞納5年以上で無縁処理の対象となります。口座振替のご利用を

――お勧めします。また、転居された場合は必ずお届をしてください〉――

生い茂る草をかき分け、墓石を覗き込む。刻字を確かめると、「大正十四年」「昭和六年」など相当古いものが多いが、「昭和五十年」などと比較的新しい年代のものも認められた。一世代30年とすると、まだ一世代を終えただけではないか。

都立霊園を管理する公益財団法人東京都公園協会霊園課に問い合わせた。

「我々は〝荒れ墓〟と呼んでいます。立て札をご覧になって、名義変更をしなければいけないことを知らなかったとお申し出されるケースもありますから一概に言えませんが、中には、恣意に、あるいは故意に管理料を滞納されているお墓の場合もあります。立て札に書いていますように、滞納5年で、名義人の戸籍謄本をとって近い親族らを探すなど、無縁墓かどうかの調査に入ります。お墓はただの備品じゃない。祭祀財産ですから、慎重に調査しますが、継ぐ方が見つからなければ、法的手続きを踏んだのち、1年から3年程度で無縁塚に〝改葬〟します」

と担当者が説明してくれた。法的手続きとは、1999（平成11）年に改正された「墓地、埋葬等に関する法律施行規則」（1948年制定）に則《のっと》る「1年間の立て札（つまり、霊園で目にした立て札）」と「官報」への掲載だそうだ。

東京都公園協会のホームページによると、一般埋蔵施設（屋外に墓石を建てるお墓のこと）の年間管理料は1平方メートルにつき610円（2018年4月1日から660円）。平均的な3平方メートルなら1830円（同1980円）だ。わずかな額を意識的に滞納する人もいるのかと首をかしげたが……。

「先祖を捨てる」改葬と「ステータス」の改葬

「改葬」とは何か。

本や雑誌には「お墓の引っ越し」と説明されているが、正確には「遺骨」を移転させること、つまり「遺骨の引っ越し」である。墓石全体を移転させるのではなく、墓石の下部の「カロート」という場所に埋葬されている遺骨だけを取り出して運ぶことを指すらしい。都立霊園では、個別に規定の骨壺に入れ直し、八柱《やはしら》霊園（千葉県松戸市）にある無縁塚に運ぶそうだ（多磨霊園にも無縁塚があるが、すでに満杯という）。その数は？

「8か所の都立霊園（青山、雑司ヶ谷《ぞうしがや》、谷中、染井、八柱、八王子、多磨、小平）で平成23年から平成27年の5年間で、合計約1100件の〝無縁改葬〟が行われました」（東京都公園協会霊園課の担当者）

都立霊園の利用者（契約者）は約28万人で、そこに眠る人の総数は121万人だそうだから、わずかといえばわずかだ。しかし、5年間で約1100件ということは、単純計算すると、1年に約220件。つまり、2日に1件以上が「無縁改葬」されているのである。

墓石がすでになく、空き地になっている区画には、こうした無縁改葬の区画に加え、「返還（墓石を取り除き、使用していた区画を整地して東京都公園協会に返すこと）」された区画もあるそうだ。返還の場合、当然、お墓の中の遺骨も動かされる。これが「改葬」だ。お墓はそのままで、カロートの中の何人分かの遺骨だけ改葬されるケースもある。少しややこしいが、返還は区画単位、改葬は遺骨単位。2015年度の返還数は約800件、改葬数は約3000件だったという（2017年度は返還数約1200件、改葬数約5000件）。

毎年7月に都立霊園の新たな使用者が公募されて話題を呼ぶが、霊園の面積が増えるわけではない。無縁改葬されて空いた墓所区画、あるいは返還された墓所区画の跡地の「再貸付」なのだ。広かった区画は6平方メートル以下に分割されて再貸付されるのである。

都内に5年以上在住していること。現在守っている「親族の遺骨」があること。遺骨に対して葬儀の喪主を務めたなど「祭祀の主宰者」であること。「再貸付」の応募は、以上3つの条件の人に限られ、価格は一般埋蔵施設で青山霊園なら1・6平方メートルが437万6000円から、また八柱霊園なら1・75平方メートル34万1250円からなどまちまちだが、いずれも絶大な人気を博している。

遺骨を屋内に収容する形式や共同埋葬する形式のお墓も含め、2018年度は2

万7845人が応募し、倍率は一般埋蔵施設に限っても、5・5倍となった。

「2年続けて落選しましたが、来年も応募しますよ。600万〜700万円は覚悟しています。大きな声では言えませんが、やはりステータスじゃないですか。青山霊園にお墓を持ちたいんです」

先般、明るい口調でこう明かした都内の開業医（65歳）がいた。

この人は4年前に亡くなった父の遺骨を多磨霊園の「一時収容施設」に預けている。お墓を取得するまでの間など、一時的に遺骨を預かってくれる施設だ。その父の遺骨で青山霊園を申し込み、当選したら故郷・中国地方から祖父母と母の遺骨も運んでくるつもりだと言った。

「青山霊園でなきゃならないんですか？」と聞くと、その人はシニカルな笑みをたたえて、「できるなら」と返した。青山には行きつけの店があり、よく来る。首都高を渋谷で降りたらすぐだし……などと言った後、少し間を置いてから、「正直なところ、リベンジもあるんですよね」と口にした。どういうことだろうか。

「祖父は軍医でした。旧満州からの引き揚げで体を壊した。父は薬剤師になって、親戚から継いだ薬局を営んでいたんですが、遠縁の者に騙されて、私が中学生のときに倒産しました。私は奨学金で医学部に進み、ここまでのぼってきた。人並み以上のお墓を東京に持ちたいのは、実家のリベンジかもしれません」

私はこの人の妻と先に知り合い、「夫が青山霊園にお墓を欲しがっている」と伝え聞き、紹介してもらったのだった。おそらく家庭も円満。私の目には裕福な開業医としか見えないこの人が、「実家のリベンジ」を思っているとは、よもや想像できないことだった。「600万～700万円」という予算にも、このときは「お墓にそれほどの高額をかけたい人が世の中にいるのか」と驚いた。

そんなこんなをつらつらと考えながら都立霊園を歩いて、見えてきたのは、新規にお墓を持つ人、持っていたお墓を手放す人、そして持っていたお墓を放置して無縁にさせる人、この三者が墓地にうごめきあっていることだ。

ふと、30年ほど前に女性問題の相談員からお墓の研究者に転じた知人を思い出した。槇村《まきむら》久子さんだ。元々の専門、造園や環境開発の見地から、「団塊の世代が死ぬ頃、日本中がお墓だらけになる」と言っておられた記憶がある。お墓にまったく関心がなかった当時、今ひとつピンとこなかったが、今ならうなずける。車で郊外を走り、山を切り拓いた霊園を見かけないことはないと言っても過言ではない。かつて、地方の二男、三男らが都会に出てきて、家族を持った。いや、長男だって都会にずいぶん流入した。その数が跳ね上がったのが、団塊の世代だ。同数のお墓が必要とされるなら「お墓だらけになる」かつ「改葬だらけになる」のは自然の成り行きだ。

槇村さんは、京都女子大学宗教・文化研究所客員研究員になっておられた。連絡をとり、「今は、お墓の変革期なんですか」と聞いてみた。

「そうですよ。これまでの地縁血縁社会では、お墓は『永続性、尊厳性、固定性』という性格を持っていましたが、人々の意識やライフスタイルの変化によって、大きく変わってきています。永続性は『無縁化』へ、尊厳性は『個人化』へ、固定性は『流動化』へと変化しているのです」

槇村さんがかかわり、2003年と2011年に全国の男女2000人に実施した調査による『わが国葬送墓制の現代的変化に関する実証的研究』では、「お墓を守っていくのは子どもの義務」と考える人が、87・7％から62・3％に減ったと教えてくれた。「お墓を守らなくてよい」との考えが無縁改葬ともつながり、遺骨が動いてきているのだろう。さらには、先ほどの開業医のように、実家代々を「守る」ために動こうとする遺骨だってあるわけだ。

「僧侶が烈火のごとく怒りだした」

「お坊さんに頭ごなしに怒られて、ぽかんとしてしまいました」

東京都三鷹市に住む主婦の橋田多佳子さん（45歳）は、夫（46歳）と共に茨城県北部の町の寺に「お墓を動かしたい」と申し出に行ったときのことを、こう切り出した。夫が「父が亡くなったので、妻の実家のお墓とまとめるために『両家の墓』を購入し、納骨することにしました。なので、こちらのお墓をたたんで、祖父たちもそこに移します」と切り出した途端に、僧侶が烈火のごとく怒りだしたのだという。

「なに？　お父さんが亡くなった？　知らせもよこさなかったのか」

「そんな勝手なこと、許さん」

「先祖代々の墓を何だと思っている」

菩提寺といえども、橋田さん夫婦に菩提（死後の冥福）を弔ってもらっている寺という感覚はほとんどなかった。お墓には夫が生まれる前に亡くなった祖父母と祖父の妹が入っている。この春に亡くなった夫の父は18歳から東京住まい。夫は幼い頃、父に連れられて茨城へお墓参りに行った記憶がかすかにある程度だという。長じて、両親がお墓参りに行ってきたという話を聞いたのは、数えるほどだった。父が東京に出てから、祖父が事業に失敗し、追われるように越した隣県で、祖父母が他界したという経緯があった。

4年前に母が亡くなったとき、遺言どおりに海に散骨するよう決めたのは父である。その父は登山が趣味だったためか、「おれは山の方がいいなあ」と口にしていた。茨城のお墓については「そのうちに何とかせねば」と言っていたが、自分で何とかせぬうちに、脳梗塞を発症して急死してしまった。

多佳子さんは3人姉妹の二女で、姉と妹は地方に嫁いだ。近くに住む両親に「両家の墓」の話を持ちかけたら喜び、購入費用180万円の半額を出してくれた。義父の生前の願いに沿って、丘陵地にある霊園の1区画の永代使用料を払い、両家の墓を建てる手はずを整えた末、茨城の菩提寺に挨拶に行ったのだった。

「顔を見たこともない主人のおじいちゃん、おばあちゃんたちのお墓の面倒を、私たちが一緒にみようとしているわけじゃないですか。むしろ褒められてもいいはずなのに怒られて。ぽかんとした後、ムカムカしてきました」

怒った僧侶はおそらく70代。もちろん初対面だ。こちらの事情を話しても、聞く耳を持たず、「ご先祖が浮かばれん」。「お父さんは盆暮れに送ってきていた」とたたみかける。そんなことは義父から聞いたこともなかった。送っていたのはお金なのか、品物なのかと聞き返せる雰囲気ではなかった。5万円を包んできていたが、「渡すと、火に油を注ぐような気がして」引っ込め、引き上げたという。

何と言われても、多佳子さん夫婦にとって、茨城のお墓は、いわく「アウェーな存在」だ。でも、「墓石と先祖は別。自分のルーツがなくなってしまうのは嫌だから、〝先祖〟を私たちの近くに持ってきたい」という夫の気持ちは尊重したいと多佳子さんは思う。義父がしていたと僧侶が言うように、盆暮れにお金か品物を自分たちが送り、お墓は放置しておいたらいいのか。「10万とか20万とかのお金」を渡したら折れてもらえるのか。父の骨壺を自宅のリビングルームに置いたまま、新しいお墓と古いお墓の2つを前に頭を抱えている。

「新しいお墓を買うとき、『6人分まで入ります。骨壺から出すと、その倍は大丈夫』と説明されたので、問題なく茨城から移してこられると思っていたんです。霊園の人は、こんな横槍が入る可能性があるとは教えてくれなかった。聞いていれば、急いで決めなかったのに」

檀家だった寺から離れるに際し、高額な「離檀料《りだんりょう》」を要求されるという話は、メディアによく登場している。そういう情報はお持ちではなかったのかと聞くと、

「テレビのワイドショーで見ていましたが、うちの場合は当てはまらないと思っていました。うちは単にお墓が残っているだけだから、檀家じゃないんじゃない

ですか」と多佳子さんは答えた。

その認識は間違っていると思ったが、その時点では、私にも「檀家」の定義がよく分からなかった。寺にお墓がある家を指すのか。お墓の管理料を払い、寄付もする家を指して檀家というのか——。多佳子さん夫婦も、亡き両親に加え祖父母・祖父母の妹までをも「守ろう」として、遺骨を動かそうとしたことは確かだ。

100のケースに100の事情

故郷にあるお墓を住まいの近くに「移したい」あるいは「たたみたい」——。

今、多佳子さんのような悩みを抱えた人は少なくない。

お墓の取材を始めて間もなかったその頃、多佳子さんをはじめ20人ほどに「お宅のお墓、どんな具合ですか?」とヒアリングした。

「東京の霊園にコンパクトなお墓を買い、九州のもう誰もいなくなった実家の大きなお墓をたたみたい。だが、寺に『離檀料100万円』、石材屋に『墓石の撤去と整地に150万円』と言われ、二の足を踏んでいる」(60歳、男性)
「富山県内の田舎の共同墓地にある代々のお墓をたたみ、富山市内の寺の永代供養墓(他の人たちと同じ納骨棚に安置するお墓)に入れようとしたが、分家の人たちに『本家のお墓がなくなっては困る』と猛反対された」(55歳、女性)
「神奈川県平塚市の自宅近辺にお墓を買い、奈良の公設墓地から両親の遺骨を持って来たいが、妻が反対する。妻は両親を永代供養墓に入れ、私たち夫婦用に室内型の納骨堂を買いたがっている。妻の本音はいずれ自分が、私の両親と同じお墓に入るのが嫌だからに違いないと思うと複雑だ」(64歳、男性)
と、悩みのある代表的な3人の言葉の要点のみを書いた。私はヒアリングの際に、さくっと「お宅のお墓、どんな具合ですか?」と聞こうとしたが、不覚だった。「うちのお墓」の説明には、「家」の事情と、亡くなった親など近しい人の介護、葬儀の話が際限なくくっついてきた。お墓と「家」は不可分で、100のケースには100の事情があると思い知ることとなった。

「寺の肩を持つわけではありませんが、お坊さんが首を縦に振らなかったり、離檀料を要求したりするのにも理由があります。代々――といっても多くは二代か三代ですが――の霊を弔い、参りに来ない家族に代わって、墓地の草を引くなど掃除してくれていたのですから。まず、これまでの感謝を伝え、墓をたたんだり動かしたりしなければならない事情を丁寧に話すべきでしょう」

こう話すのは、自らも僧侶で、「墓じまい」の施工も手がけるNPO法人「やすらか庵」(千葉市)代表の清野《きよの》勉さん(57歳)だ。

「墓じまい」とは、文字どおりお墓をおしまいにすることを指す。近年とみに使われる言葉で、ネット検索すると、「墓じまいを承ります」とアピールする多数の石材店等が出てくる。「やすらか庵」もそのひとつだが、僧侶が代表なのは、おそらくここだけだろう。清野さんは、墓じまいを「無縁墓になることが確実な場合に、お墓を撤去し、処分すること」と定義付けている。無縁墓にならないなら、つまり墓参りに行けるなら、墓じまいはすべきでないとの考えが根幹にあるのだ。ともあれ、改葬の前には、墓じまいが必要なのである。

実は、清野さんは元大手企業のエンジニア。28歳で高野山大学に学び、真言宗の寺の副住職を10年ほど務めたという異色の経歴を持つ。14年前に「やすらか庵」を立ち上げたのは、副住職の時代に「子どもがいない、娘だけ、独身など跡取りがおらず、先祖のお墓や自らの死後の悩みを抱えている人が非常に多い」と気づき、「救済したい」と思ったからだという。

自前のクルーザーで「読経《どきょう》して散骨する」形式の散骨を始めると共に、墓や死後の相談にのり始めたのが14～15年前。当初は散骨希望者に「お墓がなく、遺骨を家に保管していた」という人たちが多かったが、6年ほど前から「墓じまい」に伴う散骨が増えた。墓じまいに際し、読経してほしいとの声も相次ぐ。要望に応え、石材店が行う墓の解体に数多く立ち会っているうちに「自分たちでもできそうだ」と思い、クレーンなどの免許を取り、トラックも工具も揃え、施工も始めた。

「お彼岸や盆正月に孫の手を引いてお墓参りをし、祖先に思いを馳せる。そんな姿は理想ですが、続けられなくなったとき、苦しみが始まります。墓じまいして、その苦しみから救済されると、皆さん『肩の荷がおりた』とおっしゃいます」
では実際、どんなふうに墓じまいするのか。清野さんに同行することにした。

墓じまいの現場に行く

JR南武線津田山駅からゆるやかな坂道を3分ほど上ったところに、緑ヶ丘霊園の入り口があり、桜並木が続いていた。多摩丘陵の最東端に位置するこの霊園は、1943年に川崎市が開園し、その面積を広げてきた。青山霊園の2倍以上の広大な敷地に、約2万5000基のお墓が並んでいる。

午前9時に桜の大木の前で「やすらか庵」の代表、清野さんと待ち合わせた。この日、緑ヶ丘霊園にお墓を持っていた人の墓じまいが行われる。清野さんが小型乗用車で到着したのに続き、スタッフの上矢《かみや》拓史さん（35歳）もクレーンやワイヤー、スコップ、工具、土袋などを積んだ2トン車で着いた。ふたりともグレーの作業着を着ている。

「今日の依頼者は、長野県軽井沢にお住まいの女性です。5か月前にメールで問い合わせが入り、電話で何度かお話しした後、見積もりをお出ししたのがちょうど1か月前でした」

清野さんが見積書を見せてくれた。

1、墓石撤去及び処分一式

交通費、車両、機材搬入、墓石基礎部分撤去、コンクリート撤去、整地、墓石及びコンクリートリサイクル処分　30万2240円

2、最後のお墓参り

お清め、遺骨の取り出し　3万2400円

3、遺骨の搬送、納骨

善光寺までの搬送、納骨　5万9400円

明細がこう示され、合計額が「39万2040円（消費税込）」と記されている。やすらか庵の墓じまいの基本料金（1平方メートル）は7万9800円。敷地面積やお墓の形状などによって個別に見積もられる。39万2040円の合計額は、この霊園の墓じまいの工事に加え、その際の「お清め」つまり供養の読経、さらに取り出したお骨を改葬先である長野・善光寺へ運ぶ費用を積算した額だそうだ。

それでも、ネット検索した他の業者には、「墓じまい7万円」「墓じまい・改葬一式19万8000円」など安価をアピールするところが多いので、やすらか庵の「39万2040円」は、そのとき、私にはやや高額のように感じた。後々決してそうではないと気づかされることになる。

さっそく清野さんに同行して霊園入り口から車で5分ほどの依頼者のお墓に行った。なだらかな丘陵に抱かれ、幅約1・8メートル、奥行き約3メートルの区画のお墓が1列に10基ずつ規則正しく並ぶエリアにあった。トラックをお墓の前に横付けし、荷物を下ろすと清野さんは車を少し離れた広場に駐車し、その日の仕事場となる墓所へ行く。それは一般的な和型のお墓で、側面に「昭和四十六年」

「昭和五十年」「平成三年」「平成二十二年」の没年を付した4人の俗名と戒名が彫られていた。

「昭和47年の建立のようですね」

黒御影石の墓石の背面に刻まれた文字を指して清野さんが言う。建立されて46年だ。

「周囲を見てみてください。この辺りは、このお墓と同じく高度経済成長期に建てられたお墓が多いエリアですが、40〜50年で役目を終えるものが多いんですよ」

見渡すと、1列（約10基）に1基以上の割合で雑草が生い茂り、蜘蛛の巣だらけのお墓が目に入る。先日歩いた、明治期開設の都立青山霊園における同様のお墓の数より数段多い。

清野さんと上矢さんは依頼者の区画の地面を箒《ほうき》で丁寧に掃き、墓石をタオルで拭き、持参した黄色い菊の花束を供える。墓前に折りたたみの小机を置き、焼香の準備も整えた。

午前10時、依頼者の吉田久美子さん（64歳）が、夫の康さん（69歳）と共にやってきた。重々しい雰囲気はまったくなく、ふたりとも服装もカジュアルだ。久美子さんは、小ぶりの革のリュックを背負い、グレーのカットソーに黒いロングベストを羽織っている。康さんは、コットンパンツにマドラスチェックのシャツ。お供え物も持っていない。

ひととおりの挨拶の後、「いつも駅から歩いて来られるんですか」と清野さんが聞くと、「ええ。でも、いつもというほど来てないんですが」と久美子さんが苦笑いし、「前に来たの、いつだっけ。確かトシさんって人の納骨のときだったから、5、6年前じゃない?」と康さんも続ける。

「これからお墓を拝んで、魂抜《たましいぬ》きをいたします。そして、お墓からご遺骨を取り出し、確認してもらいますね」と清野さん。

「法衣《ほうえ》に着替えてきますので、少しお待ちください」

清野さんの着替えを待つ間に、墓じまいの事情をおふたりに聞かせてもらった。

久美子さんはひとりっ子で、これは実家のお墓だ。建てたのは久美子さんの父だそうだ。当時、大手企業の事務系サラリーマンで、川崎市内に住んでいた。もっとも出身は北関東で、転勤族だったため、川崎在住は約8年間。その間――久美子さんが中学生のときに祖母が亡くなり、必要に迫られ建てたのだろうという。家庭事情が少し複雑で、そのときすでに死去していた祖父は北関東の本家のお墓に入っていた。

当の父は10年前に亡くなったが、このお墓には入れず、口コミで知った善光寺（境内の尼僧寺院「善光寺大本願《だいほんがん》」）に「特別納骨（専用の骨壺に入れ堂内に納骨する＝10万円と骨壺代1200円）」という形で納骨した。「牛に引かれて善光寺参り」とことわざになるほどの名刹だ。

「1400年の歴史ある善光寺は倒産しないでしょう？　自宅から1時間半かかりますが、3時間以上かかること比べると、ずいぶん近い。長野市に行くことが多いので、ふらっと立ち寄って、拝んでもらうことのできる理想の形なんです」

ここ川崎のお墓に入っているのは久美子さんの祖母と、父のきょうだい3人で、康さんが「トシさんって人」と言ったのもそのひとりである。

「ほとんど会ったことがない人ばかり。トシさんも、存命の父の妹（80代）から、亡くなった後に『入れてやってほしい』と頼まれ、『お困りになっているのならどうぞ』とお入りいただいた方です」

母（89歳）は認知症で、有料老人ホームに入居している。もしものときが来たら、父と同じく善光寺に「特別納骨」をしようと思っている。3、4年前から「遠い親戚」が眠るこのお墓をたたもうと考えてきたのだ。たたんだ後、親戚4人は、善光寺の共同墓地に合葬《がっそう》する形（1霊5万円）、端的に言えば父よりワンランク安い形で納骨するつもりだという。

「失礼ですが、いずれ自分たちが亡くなっても善光寺へとお考えですか」と尋ねてみる。

「ええ。従来のような形式的なお墓が必要と思えないんです。ぼくの実家のお墓は一切を弟に譲りましたし、今のところ、どちらかが死んだら善光寺へ、とふたりで約束しているんです。ふたり目が死んだら海に撒こうが山に撒こうが好きにしてくれと息子に伝えています」と康さんが返し、久美子さんがうなずいた。

「魂」を抜き、墓石の下から遺骨を取り出す

法衣に着替えた清野さんが戻ってきて、墓石に撒き塩をし、魂抜き（抜魂《はっこん》供養）が始まった。お経が読まれる。空にいわし雲が広がり、鳥のさえずりが聞こえる中、小さく鈴《りん》を打ちながらの静かな読経が10分ばかり続いた。

久美子さんと康さんはうつむき、数珠を巻いた手を合わせる。グレーのカットソーの手首から覗く橙色の数珠がやけに明るく見える。

私は少し離れたところから、その光景を見ていた。取材とはいえ、建立のときに久美子さんの父は、こんなに早く墓じまいのときがやってくるとはつゆ思わなかっただろうな――と勝手な感傷が押し寄せたが、時は移ろう。環境も意識も変わって当然と、頭を振る。

線香の煙が漂う中、久美子さんが、続いて康さんがゆっくりと焼香をする。

「お直りください」の声で、合掌の姿勢から元に戻る。

「魂を抜かせていただきましたので、もうここに魂はおられません。次なる場所で、皆さんがたをお守りくださいますよう、そういったお願いをさせていただきました」

「ありがとうございました。やれやれ、お墓さん、お疲れ様でしたって感じです」

「では、今からご遺骨をカロートから取り出させていただきますね」と上矢さんが告げ、30センチほどのハンマーを手にした。墓石を叩き割るのだろうか、乱暴だなと思ったが、よく見ると、ハンマーはゴム製。カロートと呼ばれる遺骨の埋蔵場所は、竿石《さおいし》(「○○家之墓」などと記された石)の手前の地中部分にあった。

上矢さんが、そのハンマーで足元の石の端を、軽く2、3度叩く。大きな音はしなかった。隙間が開き、手で石蓋《いしぶた》が持ち上げられた。その下に立方体の薄暗い空間が覗いた。

「へ〜。骨壺はこういうところに入っているんですね」と、康さんがつぶやいた。

改葬の現場。左）ワイヤーで吊ってトラックまで運ばれる竿石。右上）清野さんと依頼者の前には取り出された骨壺が。右下）墓石を動かすのも大仕事だ

苦手な人なら、目を背けたくなるであろうが、私は平気なタイプである。ただ、正直に言うと、どうかくれぐれも蛇がいませんようにと祈ったが、杞憂だった。

カロートは、コンクリートに囲まれた、縦横60センチ×50センチほど、深さ30センチほどの空間で、下は土だ。手を入れさせてもらう。地面に膝をつき、右手を肘まで突っ込んだ。ひんやり、じめじめしている。やおら指先が冷たくなったように感じた。

薄汚れた白い陶器の骨壺が4つ置かれていた。久美子さんと康さんは

息を呑んで覗き込む。なぜかひとつは倒れ、骨が土の上にこぼれ出ていた。

「地震で倒れたのかな。いや、地震なら墓石も倒れるはずなのに、びくともしていませんもんね。倒れた骨壺の中の骨が『早くなんとかしてくれ〜』と叫んでいたのかもしれませんよ」と、清野さんが場を和ませる。

上矢さんが骨壺をひとつずつ取り出し、蓋を開ける。さまざまな形状の白い骨が現れた。ひとつの骨壺は水浸しの状態だった。久美子さんは思わず顔をしかめた。上矢さんが、骨壺を傾けて水を流し出す。骨をバケツの水で洗いながら言う。

「日がまったく当たらないカロートは湿気がありますから、1日に1滴が落ちてもこういうふうになっちゃうんですね。よくあるんです」

清野さんが「うちで乾燥させて、きれいにしてから善光寺にお運びしますね。あと、墓石の撤去もこの後責任を持ってやらせていただきますので、ご安心ください」。

「よろしくお願いします」と久美子さんと康さんは頭を下げ、お墓を後にした。おふたりにとっては、所要時間合計45分の墓じまいだった。

久美子さんはやすらか庵に依頼する前に、霊園に紹介してもらった石材店3社から見積もりを取ったという。50万円から80万円とずいぶんな開きがあった上、2社が「魂抜きが必ず必要」と、僧侶に依頼するので供養代が別途かかると言い、1社は「今どき魂抜きなんてする人はいない」と言った。「グレーな業界だ」と決めかねていたところ、テレビ番組に清野さんが出ていたのを見て、ネット検索した。やすらか庵はお坊さんがやっているとの情報を得て、「私自身は無宗教ですが、お墓に入っている人たちが無宗教かどうか知らないから、少なくとも魂抜きはしておくのがいいかなと思えた」と打ち明けてくれた。

久美子さんたちが去った後、清野さんは4つの骨壺を真っ白な布でひとつずつ包み、小型乗用車の後部座席の後ろのハッチバック・ドアを開けたところに置いていた大型の透明ケースの中に入れ、合掌した。透明ケースは一点の曇りもなく、後部座席の裏側つまり透明ケースに接する面には、シックな布が掛けられていて、そこだけ〝貴賓室〟のようだ。

「お客さんが帰った後、骨壺を地面に置こうがトラックに積もうが誰も見ないでしょう？　でも、こうやってきっちりと〝大切な物扱い〟をするのは、清野代表のこだわりなんです」と、上矢さんが耳打ちした。

墓石撤去はかなりの重労働

その後、清野さんは再び作業着に着替え、上矢さんとペアで墓石の解体が開始された。

墓石は10以上の石の集合体だった。ひとつずつ分けて、リモコン操作を駆使してクレーンで吊り上げ、トラックの荷台に運ぶ。それは遠目にはまるで大型のUFOキャッチャー（クレーンゲーム）のように見えたが、実際は想像に勝る大がかりな作業だった。見る見る間に、ふたりの作業着に汗がにじんだ。

竿石はともかく、台座の石は大きいため、ふたつに割ってから吊り上げる。これがやっかいだった。カロートの枠はワイヤーを巻きつけて枠ごと運ぶが、ワイヤーを巻く位置が重さで少しずれただけでバランスが崩れる。

墓所区画を囲む細長いコンクリートも2段重ねで合計12個もあった。時にドリルを使い、スコップで地面を掘り、昼食のわずかな時間をはさんだ以外は休みなく作業が続けられた。午後4時にトラックの積載重量が2トンぎりぎりにまでなり、いったん終了となった。

清野さんたちは千葉へ戻り、2トン分の石をやすらか庵の敷地に降ろし、翌朝に再び霊園へ戻ってくる。元のカロート部分を土で埋め、区画全域の整地をする。2日目も黙々と働き、墓じまいの施工が完了した。

想像を超える重労働だった。この2日間だけでも、移動や千葉のやすらか庵での作業時間を含むと20時間を要している。後に行われる、遺骨の乾燥や搬送、墓石の解体などの作業も含まれる「39万2040円」は妥当な額、いやむしろかなり安価なのではないか。「扱う物が物だけに、どんなときも追加料金はいただかない主義ですし」と上矢さんが言う。

撤去した墓石は重くて大きいから「嫌われもの」なのだそうだ。普通は産業廃棄物として、処理業者に有料で引き取られる。しかし、やすらか庵では、敷地内である程度の大きさにハンマーで割ってから、ジョークラッシャーという粉砕機にかけて砂利にする。砂利は懇意にしている茨城県の寺院に寄付し、駐車場に再利用してもらっているそうだ。

この墓じまい施工の4日後、予定どおりに4人の遺骨はやすらか庵によって善光寺に運ばれ、共同墓地に合葬された。久美子さんたちはその6日後、東京に住む息子さん（30代）一家と父の妹ふたりに声をかけ、善光寺で納骨供養を営んだ。

「これでやっとお墓の重さから解放されました。叔母たちも喜んでくれたし、息子夫婦も『これからときどきお参りがてら長野で集まるのもいいね』って」

久美子さんにとって「遠くのお墓より、近くの納骨堂」ということだったのだろう。長野から届いた声は、晴れ晴れしていた。

ちなみに、改葬をする書類の手順はこうだ。

― 1、改葬先になる墓地、霊園と契約し、「受入証明書（墓地使用許可書）」を ―

入手する。

2、既存の墓地がある市区町村役所から、故人ひとりにつき1枚ずつ「改葬許可申請書」を発行してもらう（ホームページからダウンロードできる自治体が増えてきている）。

3、「改葬許可申請書」に故人の生年月日、死亡年月日、本籍地など必要事項を記入し、既存の墓地の管理者から「埋蔵証明書」（書式は決まっていない）を発行してもらう（「改葬許可申請書」の中に、埋蔵証明書欄が組み込まれている自治体も多い）。

4、既存の墓地がある市区町村役所へ「受入証明書」「改葬許可申請書」「埋蔵証明書」を提出する（自治体によって提出書類が異なる場合もある）。受理されると、「改葬許可証」が発行される。

5、既存の墓地管理者に「改葬許可証」を提示し、遺骨を取り出す。管理者の指示により、更地に戻すなどの整備をする。

6、新規墓地に「改葬許可証」を提出し、納骨する。

今回、私が密着したのは(5)の部分の実作業だ。久美子さんは「〝遠い親戚たち〟がいつ生まれて、いつ亡くなったかなどを調べるのが、気が遠くなるほど大変だった」と言った。

「つまり、佐藤家の〝店じまい〟です」

改めて問うてみる。お墓って何だ。『大辞泉』(小学館)には「遺体・遺骨を埋葬した場所。また、そこに記念のために建てられた建造物。塚」とある。

人が亡くなると、法的に「しなければならない」のは、役所に死亡届を提出して火葬許可証を受け取り、火葬することだけだ(正確に言えば、火葬許可証ではなく、埋葬許可証を受け取って土葬することもできるが、土葬は高度経済成長期に日本中からほぼ姿を消した。現在、火葬率99・97%)。火葬終了後に交付される埋葬許可証を墓地の管理者に提出すると、骨を埋葬できる。必ず埋葬しなければならないわけではなく、仮に家で骨を保管し続けても法に触れない。しかし「家」単位のお墓に入れる習わしが続いてきた。

「家墓《いえばか》」という言葉がある。旧民法では長男が一族を統率する「戸主」の身分を継いだため、一族のお墓も継承した。その名残りなのである。新民法で「戸主」はなくなり、きょうだい全員が平等になったが、お墓は仏壇、位牌、神棚などと共に、「祭祀財産」にカテゴライズされ、ひとりが相続する。他の財産のように、分割できないためである。多くの場合、今も長男が継ぐのが一般的だ。

「お墓は、私を苦しめてきた〝家制度〟そのものだったんです」

ふりしぼるようにそう言ったのは、都内に住む会社員の佐藤純一さん（41歳）だ。つい最近、岩手県内の実家のお墓に〝最後のお墓参り〟をし、墓じまいをしたばかりで、話を聞いたとき「改葬」の真っ只中にいた。2か月後に、佐藤さんが信仰する宗派の本山の永代供養墓に納骨する予定だという。

先述のとおり、改葬とは遺骨を移動させること、墓じまいとは元のお墓を閉じて解体処分し、区画を管理者に返すことである。墓じまいは改葬の1ステップで、改葬では、遺骨を墓石のない形態のところ（納骨堂、合葬墓、散骨など）に移動させることが多いらしく、佐藤さんの場合もそうだ。

佐藤さんは岩手県に生まれ育ち、姉と弟のいる長男。父は公立病院の勤務医だった。母は結婚前、図書館司書だったが、「佐藤家の嫁が働くなど、もってのほか」と同居の祖母に辞めさせられた。「佐藤家の家風に従いなさい」ときつく当たられている母の姿を見るのが、つらかった。もっとも佐藤さんの実家ばかりでなく、「家風」を重んじる家は少なくないだろうが、とりわけ東北地方はその度合いが非常に強いという。佐藤さん自身も、事あるごとに「長男だから」「跡継ぎだから」と言われ、「窮屈でしかたなかった」と話す。大学進学で地元を離れた。

20歳のときに母が病気で亡くなった。通夜の席で、母の妹たちが「お姉ちゃんは佐藤家に殺されたようなもの」とつぶやいたことを覚えている。

佐藤家には、岩手県内の霊園に父が1960年代に建てた立派なお墓があった。菩提寺は禅宗の宗派。お墓に入っていたのは曽祖父と祖父母、母だ。この夏、亡くなった父も、そのお墓に納骨するのが「普通」だろう。しかし、佐藤さんはそのお墓をたたんでしまうことを選んだのだ。

「つまり、佐藤家の〝店じまい〟です」

長く準備した上での決断だという。なんと、佐藤さんは4年前に得度《とくど》したそうだ。妻との不仲など「しんどいこと」が折り重なり「すべてを赦《ゆる》さなければ（ありのままを認めなければ）」の心境からだったという。会社員を続けながら、浄土真宗のある宗派の寺で修行して得度したのだった。その宗派を選んだのは、もとより哲学的アプローチから仏教書を読んでいた中で、「一番シンパシーを感じた」からだという。「菩提寺との縁切り」「佐藤家の〝店じまい〟」も、うっすらと心の奥底にあり、これが墓じまいへの助走となった。

まだ元気だった父に得度したと伝えると、「じゃあオレの葬式はお前にやってもらおうか。あの坊主（菩提寺の住職）、気に入らないしな」。母の戒名は100万円だった。父にとっても菩提寺は「金をふんだくられるだけ」の関係となって久しかったのだった。親戚に「得度したので、いずれ父の見送りは私がやります」

と話し、姉と弟にも伝え、特段の反対はなかった。

入院中の父が「そろそろ危ない」となったとき、佐藤さんは菩提寺に赴き、住職に父の状況と自分たちきょうだいが3人とも東京住まいであることを説明した上、切り出した。「実は私は僧侶資格を持っています。代々のお墓も含め、私が弔っていきたいと思います。父が亡くなっても、私が父の菩提を弔わせていただきます。檀家から抜けさせてください」。

60代の住職は、口角を下げた。僧侶資格の宗派は問われなかった。

「あのねえ、佐藤さん。故人がキリスト教だろうがイスラム教だろうが、家の墓は関係ないの。子どもたちが東京に行ってもアメリカに行っても関係ないの。皆さんにそう話すの」

噛んで含むように言った後、こう続けた。

「だけれども、あなたが僧侶になったのなら、そうは言えない。いずれ自分の寺を持ち、住職になるのだろうから、文句は言いません」

佐藤さんは心の中で小躍りした。得度はしたが、「いずれ自分の寺を持ち、住職になる」などと考えたこともなかった。「この住職は、信仰上の理由で得度する人がいるなんて想像もできなかったんでしょうね」。150万円くらいかもと覚悟していた離檀料は「7万円」と住職の方から提示し、すんなりと改葬に必要な書類を出してくれたという。

「自分の寺が『信徒』を失うという場面なのに、教義に基づいた話は一切なし。こういう場面でさえ、住職本人すら教義を必要とせず、必要とされると思ってもいない。さみしい気はしました」

父の葬式は、佐藤さんが得度した宗派の僧侶に遠路を来てもらって営んだ。そして近親者10人が花や菓子など供物を持って集まり、墓じまいを決行したのだ。抜魂供養の読経は「最後だから」と元の菩提寺に、遺骨の取り出しやお墓の解体など一連の改葬作業はネットで探した株式会社「まごころ価格ドットコム」(東京都中央区)に頼んだ。

「姉と弟は、私が決めたとおりでいいと、お墓にまったくと言っていいほどこだわりがなかったのが肩すかしでした。最後のお墓参り、抜魂供養は滞りなく営まれましたが、叔母（父の妹）が『このお墓が建ったとき、お母さん（佐藤さんの祖母）が喜んでいたね』とちくりと刺した」

とっさに佐藤さんの脳裏に「家制度」の3文字が浮かび、「実家の重さ」が蘇《よみがえ》った。盆正月に帰省を強いられたこと、「離婚するつもり」と父に言ったとき「絶対に許さん」と激怒されたこと……。そして、親戚から、奥歯にものがはさまった言い方で、「長男」のプレッシャーを与えられ続けてきたことも。

そのおかげで、心に少し巣食っていた「これで本当によかったのか」という迷いが消え、「これで解放される」との安堵感がじわじわと押し寄せたのだという。

家制度や古い価値観を背負った墓石はもうゴメンだ――。何か所もの都内の寺院墓地を見学した上で選んだ改葬先は、自らの信仰の拠り所であることに加え、参拝者が常に多く、読経も線香の煙も絶えない京都の本山の廟所《びょうしょ》である。「京都ならポテンシャルもあるし、いいんじゃない」と姉も賛成したという。

こうして、佐藤家の〝店じまい〟と改葬は大きな波が立つことなく遂行されたが、佐藤さんは自身が僧侶の立場から、こんなことを口にした。

「お墓をたたむ際の抜魂供養などという儀式は、どの宗派の教義からも直接は導き出せない習俗に過ぎないと思います。何か儀式めいたことをしないとご先祖様に申し訳が立たないなどという日本の庶民感覚を否定はしませんし、その感覚は私も持ち合わせていますから、やってもいいとは思う。ただ、今のご時世では、『この儀式は仏教と関係ありません。やらなくても、教義上、祟《たた》りも何もありません』などと事前に説明しないと、コンプライアンス上、問題があるのでは？」

先祖が「もういいよ」と言ってくれるときが来る

佐藤さんが今回の改葬を依頼したのは、「まごころ価格ドットコム」だ。東京・日本橋のビルの一室にある本社を訪ね、青森の石材店を母体に、2010年から墓石のネット販売と墓じまいの請け負いをしている会社だと分かった。

「全国の墓石職人と提携し、墓じまいを行っていますが、この6年間で墓じまいの相談や問い合わせが約3万件あり、とりわけこの1年は急増しました」

と、社長（取材当時）の石井靖さん（57歳）が言う。2016年6月に、墓石の解体処分と遺骨の取り出し、行政手続きの代行をセットにした「墓じまい基本パック」（2平方メートルまで19万8000円〜＝税別）、基本パックに自宅供養家具や遺骨のパウダー化などを付けた「墓じまいトータルパック」（5平方メートルまで36万8000円＝税別）を設けたのだそうだ。

「墓じまいをしようとしている人たちは、先祖を永代で管理できる環境を整えようとするのですから、決して先祖を軽んじているのではありません。逆に、先祖を大切にし、責任感のある人たちです。もっとも、社会が『墓じまい』の潮流についていっているかといえば、そうとも言い切れません。墓じまいでのトラブルの第1位は親族の理解が得られないこと、2位は改葬先が見つからないこと、3位が墓じまい業者とのもめ事、4位が離檀に伴う菩提寺との波瀾です」（石井さん）

では、墓じまいのタイミングはいつがいいか。

先述したNPO法人「やすらか庵」の代表で僧侶の清野勉さんはこう答える。

「私の経験上、ご先祖様が『もういいよ』と言ってくれるときが必ず来るので、そのときです。と言っても、亡くなった人の声は聞けませんから、遺族が悩みながら『そろそろ』と痛感したり、偶然に墓じまい、改葬に関する本や雑誌記事を読んで納得したりしたときかもしれません」

厚生労働省の衛生行政報告によると、2016年度の改葬数は9万7317件。前年度より約5700件、前々年度より約1万4000件増えている。墓地総数は87万412。今、改葬先ともなる一般的なお墓はいくらで買えるのだろうか。

株式会社鎌倉新書による2017年の「お墓の消費者全国実態調査」では、174万1000円（従来型のお墓購入者が支払った永代使用料と墓石価格の合計額の平均）だそうだ。同社が第三者機関として電話相談を受ける「いいお墓 お客様センター」アドバイザーの田中哲平さんによると、問い合わせ相談のトップ3はこうだ。

・○○のエリア内で買えるか
・100万円の予算で買えるか
・樹木葬ができるところがあるか

「お墓は300万円ほどするというイメージを持ち、しかし自分は100万円くらいで買いたいと漠然と思っている方が多いようです」(田中さん)

亡くなった人がすでにいてお墓を探す場合は〝お参りに行く側の目線〟でアクセスを重視し、自分が入るお墓を生前に探す場合は〝お墓の場所に自分がいる目線〟で海が見える場所など景観重視で選ぶという。しかしながら、いずれの場合も納骨堂や永代供養墓、樹木葬など墓石を建てない形式のお墓の購入数が、すでに全体の約半数を占めるようになっているそうだ。

第２章

自動搬送式を選ぶ人たち

お墓を意識し始めると、
「便利」「手軽」と謳った納骨堂の
広告が目にとまる。とりわけ都心では
「立体駐車場形式」とも言われる自動搬送式の
納骨堂がめきめきと増えたが、その仕組みは？
価格は？つぶれないのか？皆さん、
何を決め手に購入しているのだろう。

新宿南口から徒歩3分の超豪華ビル

動きだした遺骨の行く先が気にかかる。改葬先として人気を博しているという新型のお墓に行ってみることにした。

近頃、都内の地下鉄やJRの車内で、都心のお墓の広告がやたら目にとまる。「交通至便」を〝売り〟にした「納骨堂」の広告だ。改葬を考える人たちが決まって口にする希望条件は「住まいの近く」。都心の納骨堂は、格好の〝受け皿〟だろうと想像に難くない。

お墓とは土の上に立つもの——そうしたこれまでの常識はもう古いのか。

まず訪ねたのは、車内広告に見る「高級感あふれる室内墓所」「新宿南口徒歩3分」というキャッチフレーズが強烈な新宿瑠《る》璃《り》光《こう》院《いん》白《びゃく》蓮《れん》華《げ》堂《どう》である。全国紙にも女優・市原悦子さんを起用した全面広告がたびたび出ているので、記憶にある向きも多いかもしれない。

昼夜とも行き来する人たちで大賑わいの西新宿1丁目交差点にほど近い、車一台が通れる幅の道に面した、丸みを帯びた白亜のビルだった。

正面から仰ぎ見ると、背後に高層ビルが聳《そび》える立地だ。世界的に有名な建築家で京都大学教授の竹山聖《きよし》氏の設計という。美術館のようなモダンな外観からは、この中にお墓があるとは到底思えない。

入り口に、蓮の花が浮かぶ人工池がある。館内に入ると、この日は女性ふたりが待機していた受付カウンターと、テーブルや椅子があり、春の花々が飾られていた。こざっぱりした企業の受付のようだ。法衣に輪袈裟《わげさ》のお坊さん——副住職の東恵秋《あずまえしゅう》さん(68歳)が出てこられ、ああここは寺だったと我に返る。そう、ここは納骨堂を擁する寺なのだ。

高層ビルを背後に立つ
新宿瑠璃光院はモダンな建物

「岐阜に本坊のある、室町時代開祖の浄土真宗東本願寺派・無量寿山光明寺の東京本院です。京都にも本院があり、ここは2015年の6月に開設しました。昔の寺のように勉強や娯楽、情報発信などの場となると共に、お墓参りを特別な行事ではなく日常のものとさせたい。いわば、仏教ルネサンスの寺なんです」

関西出身の私は「京都にも本院」に反応した。左京区の八瀬《やせ》だそうだ。実は若い頃、旅行情報誌の仕事で毎年春と秋にそのエリアの観光寺院を隈なく取材に回ったが、光明寺という寺は記憶にない。「20年ほど前、田中邸という旧家の数寄屋造りの名建築が取り壊されそうになっていると聞き、そこを買い取り、寺に改めたのです」と東副住職がおっしゃる。

その寺を撮った2葉の写真を見せてくれた。一葉は新緑が萌える庭、もう一葉は沁み入る紅葉の庭が、今は寺の建物である木造りの窓辺から撮影されており、JR東海の広告ではないが「そうだ　京都、行こう」と誘われるもの。ずいぶんやり手の寺なんだ、とひとりごちる。

エレベーターに乗り、まず案内されたのが、5階の「如来堂」だ。エメラルドブルーの壁を背に、阿弥陀如来が宙に浮かぶ斬新な光景に目を見張る。まだまだ新しく、金色に光り輝く様は、不謹慎かもしれないが「仏様アートだ」と思った。一方で、柵など遮るものが一切ないため「すぐそばに仏様」と親近感を持てる。

「阿弥陀如来様は、片足を少し前に出して前傾姿勢でいらっしゃいますでしょう？　悩める人たちのところにすぐに駆けつけられるように、というお姿なんですよ」との案内もなかなかにくい。

傍らにグランドピアノが置かれていて、「この部屋で、土曜コンサートや日曜仏教礼拝《らいはい》などを行っています」と、説明された。

「来る人、いらっしゃるんですか？」とぶしつけな質問を投げると、「もちろんです。どなたも参加していただける形なので、お墓を買った方だけでなく、ネットで知って興味を持ったという方も来られていますよ。毎回20人ほどで埋まり、手応えを感じています」。

4階に阿弥陀仏を祀る荘厳な本堂、3階に法隆寺金堂《こんどう》壁画（模写）などを展示したギャラリー……。確かに「高級感」があふれている。しかし、旧来型の寺に慣れている身としては、少し落ち着かない。

お墓の参拝ブースは地階にあった。業界で「自動搬送」と呼ばれ、立体駐車場のような形式である。

利用者からは見えないところに、コンピュータ制御の大きな保管庫があり、骨壺を入れた箱（「厨子《ずし》」と呼ばれる）が収納されている。ＩＣカードを1階の受付横にあるパネル内の所定位置に入れると、「珊瑚」「紫晶」などと優雅に名付けられた8か所の参拝ブースのうち、そのときに空いている箇所が表示され、選ぶ。その足で、選んだ参拝ブースに行くと厨子が届き、自動で墓石にセットされる。そんな参拝の流れを業務統括推進本部部長の木下尚子さんに聞きながら、地階に降りた。

左右の通路に、縦格子の木戸のようなフェンスで区切られた参拝ブースが4つずつ並んでいた。西側は、窓の外に地上から続く滝が見えて明るく、東側は通路の壁面が岩状でしゃれている。

「紫晶」の参拝ブースに入った。広さは約2・5メートル四方。4、5人がゆったり入れる半個室で、床が大理石、壁面は美しい木目。椅子も4脚置かれている。所定の場所にもう一度カードを入れると、ゆっくりと正面の扉が開き、台の上に墓石が現れた。

背面の壁いっぱいに、紫水晶をイメージした抽象画が描かれており、その墓石をひき立てている。

「最高級の黒御影石です」と木下さんが言う。

墓石の中央、約25センチ四方の部分に「荻野家」と刻字されている。「荻野家」は見学用のダミーだが、ここには家名でなく「愛」「永遠」「ありがとう」などんな言葉でも刻字できる。墓石自体は固定されており、この部分だけが、保管庫から自動的に運ばれてきたのだ。骨壺が入っている厨子の側面にあたる。ゴージャスな生花が品よく飾られ、墓前に水が流れ、香炉もあった。

この香炉が、直方体の小さな石で、従来のイメージとは異なる。「電子香炉」なるものだという。利用者がこの参拝ブースを選ぶと同時に電源が入る。焼香をすると、というかお香をふりかけると、炎のように赤くなり、香りもする。電子タバコのようなものだ。本物の火を使わないため安全なのである。

「手ぶらでお参りしていただけるのです。外のお墓は、お骨が墓石の下に納められているので、そちらには目を向けずに竿石に向かって手を合わせるわけですが、ここではお厨子がちょうど目の高さですから、きちんと故人様に手を合わせられるんですね。もっとも〝写真参り〟のようになっちゃう方も多いようですが」（木下さん）

傍らに立てかけられた液晶パネルに、故人の写真が数枚代わるがわる映し出されていた。もし、これが私の両親のお墓なら、あの写真とこの写真を入れよう、なんて考えてしまっている自分に苦笑いする。

実を言うと、歴史的な雰囲気も緑の景色もなく「花と線香を持って」という従来のイメージから遠いお墓参りは味気ないのではないかと思っていたのだが、見学するうち、早々に「アリかも」と思えてくる。きれいな空間、使い勝手のいいものを、無下に否定するのは賢くないと。

値段は、7寸の骨壺が2つ入る大きさの厨子を用いる、家族用のお墓が180

万円（東側参拝ブース利用＝すでに完売）と２００万円（西側参拝ブース利用）。厨子の大きさが約半分の個人用（承継者がいない人用）のお墓がひとり用１００万円、ふたり用１２０万円。

外墓の平均購入価格が１７４万１０００円（株式会社鎌倉新書による２０１７年「お墓の消費者全国実態調査」）だから、ここの家族用はほぼ同額だ。墓石もスペースも他の人と共用の自動搬送式なのに、と思った。しかし、ここでは希望すれば浄土真宗の法名（戒名）が無償授与されるし、改葬の場合は諸手続きの代行もしてくれるという。さらに、家族用なら2万円、夫婦用なら１万２０００円の年間管理費が途絶えると、系列の霊園、京都天が瀬《あまがせ》メモリアル公園（京都府宇治市）に遺骨が運ばれる。木下さんは「最後は、満天の星の下、土の中にお眠りいただけます」と表現する。

つまり、ビフォーとアフターのサービスも付いている。総合的に考えると、高くはないかもしれない。そんなふうに、費用対効果について頭を巡らせていたところ、木下さんが「特別個室もご案内しましょう」と、一般参拝スペースの奥に連れて行ってくれた。

昔なら立派な外墓を建てた富裕層がこぞって購入

特別個室の広さは、一般参拝スペースの2倍以上あろうか。約5メートル四方の、大理石がふんだんに使われた個室だった。固定の墓石に、保管庫から運ばれてきた厨子がセットされる仕組みは一般参拝ブースと同じだが、何しろ広くてゴージャス。「チェアに腰掛け、故人に語りかけたり、あるいは本を読んだり、音楽を聴いたりもできます」とのこと。ホテルにたとえれば、スイートルームだ。

価格を聞いた。

「500万円です」

目が点になった。青山霊園に外墓だって買える価格ではないか。

「もう1室、東側に400万円の特別個室もございますが、そちらは完売いたしました」

すごい、の一言である。外墓より高い納骨堂も人気があるのだ。

新宿瑠璃光院の500万円の特別個室。
ホテルにたとえればスイートルームだ

いったいどんな人が購入するのか。

「弁護士、会計士などの士業、医師、大学教授、会社経営の方々が多いですね」

かつてなら立派な外墓を建てたであろう富裕層がこぞって自動搬送式の納骨堂を買っているとは。「やはりステータスじゃないですか。青山霊園にお墓を持ちたいんです」と心の内を語ってくれた開業医を思い出すが、「高級納骨堂こそステータス」の時代が来ているのか。

この日、5時間滞在したが、次から次にお参りの人、つまりお墓を購入した人がやってきていた。見学者も絶えなかった。購入者は、新宿瑠璃光院と同じ浄土真宗、その他の宗派、無宗教の人が3分の1ずつ。30代から90代まで、年齢もさまざまで、改葬する人と新規に購入する人が半々だそうだ。保管庫の基数（厨子ひとつを1基と数える）は公表していない。

お墓参りに来ていた人に声をかけてみた。

調布に住むという女性（69歳）は「主人が去年急逝して。他にも自宅近くの寺のお墓と、新宿区内のもう1軒のこういうお墓（自動搬送式納骨堂）を見学しましたが、ここに決めたのは、私も娘も乗り換えなしで来られるからです」。大宮（埼玉県）に住んでいるというベビーカーを押した娘さん（34歳）と一緒だったが、もう少し聞こうとすると「これ以上は……まだ（夫が亡くなって）日が浅いので、ごめんなさいね」と足早にエレベーターに乗り込んだ。

「父が入っています。研究医でした。クラシック音楽が好きで、船旅が好きで、娘の私が言うのもなんですが、かっこいい人だったんです。ここなら気に入ってくれると思って」とは、ひとりで来ていた渋谷区の女性（50歳）。「お母さまも気に入られて？」と水を向けると、「父は離婚していますので」と話を打ち切られた。カジュアルな形式のお墓だからといって、お参りする心がカジュアルで事情もシンプルというわけではない。

全容を話してくれたのは、世田谷区の小川友英《ともえ》さん（85歳）だ。とてもその年齢には見えない、溌剌《はつらつ》とした女性で、ひとりでお参りに来ておられた。

「昭和の終わりに亡くなった夫も私も東京の生まれ育ちですが、もとは立派な先祖代々のお墓が平塚（神奈川県）の天台宗のお寺にあったんです。電車とバスを乗り継ぎ、片道2時間かけてお墓参りに毎月通っておりましたが、大変でした。都内に移すか移すまいか。10年悩んだ末、ここを見たら一目で気に入っちゃったんです」

室内のお墓に抵抗感を持つ人は少なくないだろう。小川さんもまた当初はそうだったのだ。

洋家具商だった亡き夫は10人きょうだいの長男。大家族だった頃が懐かしい。平塚のお墓には、夫とその両親、妹、弟の5人が入っていた。

小川さんには娘がふたり。嫁いでいる。二女一家と同居しているが、姓も違う。自分が、小川家のお墓の「片をつけないといけない」と自覚していたから、天台宗の本山、比叡山への納骨を考え、2度見学に行った。「決心がつかなかったのは、いかんせん京都だから。私も、存命の夫のきょうだいも、そうたびたび京都まで参れませんでしょう?」。

二女夫婦が建築士で、新宿瑠璃光院白蓮華堂の設計者、竹山氏とご縁があるそうだ。「内覧会の案内が来たから、お母さん、一緒に見に行かない?」と誘われたが、「室内のお墓なんて」と行かなかった。墓相学《ぼそうがく》を学んだ時期があり、小川さんにとって「骨は土に還す」が命題。5人の遺骨は、夫が存命のときに共に朱書きした108枚の写経の紙に包んで平塚のお墓に入れていたのだ。

内覧会から帰ってきた娘たちに、その内容を聞きもしなかったのに、「今年中になんとかしないと」と気持ちが逸《はや》ってきた6か月後、「お母さん、このお寺ならお骨を移す気にならない？」と二女がふと言うので、見学に行った。

一目惚れしたのは、「何もかもハイグレード。（亡き）夫の美的センスに合う。一家の最高の居場所になり、故人たちが喜ぶ」と思ったからだ。新宿瑠璃光院で供養された30年後に、京都天が瀬メモリアル公園に移す仕組みだから、「骨を土に還す」の命題もクリアした。

「新宿なら家から40分で来られますし」。ちなみに天台宗から浄土真宗への改宗については、「そういうことにはちっともこだわりませんのよ」。

購入したのは「家族用」の180万円のものだ。平塚のお墓の中は、遺骨と、写経の朱書きが移ったのであろう赤土が混在していたが、新宿瑠璃光院の人が丁寧にピンセットで分けてくれ「頭が下がる」思いだったと言う。厨子には、5人の遺骨を桐箱に一堂に入れた。

「100％満足です。私もいずれここに入り、先は京都・宇治の満天の星の下に眠るの、楽しみだわ」と目を輝かせる小川さんは、毎週日曜の仏教礼拝に参加し、「お勉強させてもらっています」とも言う。

小川さんは、愛おしいものを見るように、参拝ブースの厨子に目を向けた。

“ペッパー”が迎える、陽光ふり注ぐ赤い墓

自動搬送式、つまり立体駐車場形式の室内墓が日本で初めて誕生したのは、1996年。東京都北区田端の真宗大谷派・萬栄寺《まんえいじ》に約300基のものが設けられた。のべ1000基を超える大規模なものは、2002年に文京区本郷の真宗大谷派・興安寺《こうあんじ》が導入したのが始まりで、それからでも15年を超える。しかし、認知度がぐんと高まったのは、ここ5、6年だ。

利用する側のメリットは、

・花、線香を持参せず、手ぶらでお参りできる

・天候に左右されず、お参りできる
・墓石の掃除が不要
・遺骨を清潔に保つことができる
・宗派不問

といったところだろう。「宗派不問」は、公設霊園、民営霊園も同様だが、「寺内にあるのに宗派不問」なのは、利用者にとって他にはない「メリット」なのかもしれない。

新宿瑠璃光院は、寺自体がお墓の販売を手がけているが、自動搬送式の室内墓は、業者が販売代行するところが大多数だ。販売代行会社の最大手は、2009年から参入している株式会社はせがわ（本社＝東京都文京区）である。毎年約2000基を販売し、2018年9月現在は、都内6か所（赤坂、新宿、信濃町、小石川、経堂、池袋）および川崎、名古屋の自動搬送式室内墓の販売を手がけている。同社執行役員・墓苑開発部長の新貝《しんがい》三四郎さんが、こう話してくれた。

「この10年でお求めになる方の意識が大きく変わりました。10年前は『外墓か室内墓か』という選択肢がある中で室内納骨堂を見学に来られましたが、最近は外墓の選択肢を持たず、室内納骨堂だけを比較して決められます」

「自動搬送式の納骨堂がタブーでない時代になった」と見る。かつて「立体駐車場のようだ」「遺骨を大切にしていない」などとタブー視されたのが遠い昔のようだと新貝さんは言う。

同社の購入者アンケートによると、購入の決め手ベスト3は「近くて便利」「価格が安い」「手軽」だそうだ。

便利さと手軽さは個別の要件や感覚に依るだろうが、「価格」については広くあてはまる。外墓の購入には、永代使用料に加えて墓石の代金が必要だが、自動搬送式は墓石代が不要。永代使用料と墓石価格はおおよそ同額だから、自動搬送式のお墓は外墓の概ね「半額」だ。

先に紹介した新宿瑠璃光院は高価格だが、他の物件は100万円以下が大半なのである。例を挙げると、はせがわが販売代行する「ゆいの御廟」(東京都世田谷区）は80万円、「千日谷浄苑《せんにちだに》」（東京都新宿区）は90万円だ。

新貝さんは、こうも言う。

「皆さん『お墓で子どもに迷惑をかけたくない』とおっしゃいます。子どもは将来どこに住むことになるか分からない。お墓が足かせになったらかわいそうだから、自分たちの世代でケリをつけておきたいと。そのため、昨今の傾向は、1世帯か2世帯用で充分という『核家族化』。そして『郊外の一戸建てから都心のマンションへ』。住宅や家族をとりまいて起きていた現象が、お墓にも波及してきているんです」

さらに新潮流を見てみようと、最新の自動搬送式のお墓を訪ねた。

東京ドームに近い、文京区の住宅街に立つ「小石川墓陵」。「こんにゃくえんま」で知られ、400

ICカードをかざすと赤い墓石が現れた（小石川墓陵）

年の歴史を持つ浄土宗の源覚寺《げんかくじ》の経営で、2016年10月にオープンした。外観はシックなビルだ。

1階ロビーに、ソフトバンクのロボット〝ペッパー〟がいて、近づくと、「こんにちは、ボクは小石川墓陵のスタッフをしていますペッパーです……あなた、さっきボクのこと見てましたね」と、私に向かってかわいい声を発した。

「お子さん連れでお参りに来られる方もいらっしゃるので、退屈しないようにロボットを入れました」と、販売代行を担う株式会社はせがわ小石川営業所所長の柴田敦さんの言葉に「すごいな」と思ったが、エレベーターを4階で降りると、さらに驚かされた。緑豊かなテラスが広がる光景と、墓石の色に目を見張ったのである。テラスに出ると、ここが都心だとは思えない。キョウチクトウやヤツデなど濃淡さまざまな緑の木々が茂り、木のベンチが5つ配されていた。訪れたのは、2017年3月上旬の昼下がり。そよ吹く風が気持ちよく、白い花をつけたユキヤナギから甘い香りがほのかに漂ってきた。

そのテラスを背に、ガラスドアを開けると、御影石を敷き詰めた3畳ほどの参拝スペースだ。テラスの明るさが、そっくり入り込んでいる。一部に木の縦格子も設えられていて、「和」のテーストもあった。
所定の位置にICカードをかざすと、正面の扉がゆっくりと開いた……まではもう慣れたが、現れたのが赤い墓石だったのには驚いた。赤みがかったレンガ色というか、落ち着いた紅色というか、ともかく赤だ。その墓石は、台の上に置くスタイルではなく、足元から続くフルサイズの和型（従来のお墓の形）と洋型（横長形）の両方を兼ね備えた大きな〝デザイン墓〟。こんなに派手で大きな墓石を見たのは初めてだ。背後の壁は黄金色で、間接照明が当たっている。生花が供えられ、お焼香できる「電子香炉」もやはり組み込まれている。
「最新のものを集結しました。屋外の感覚でお参りいただけるように配慮した設計です。室内のイメージを取り払うとともに、お参りに来た日の気分で墓石の色を選べるよう、赤、白、黒の3種類をご用意したうち、この参拝ブースは赤。インペリアルレッドというインド産の高級御影石です」（柴田さん）
テラスは5か所の参拝スペースへの通路ともなるため、参拝を前に陽光を浴びたり、風を感じたりできる。参拝スペースのガラスドアを開けたまま「外の空気」を入れながらのお墓参りも可能で、外墓に近い開放感があるわけだ。

赤い墓石は、最初「えっ？」と思ったが、次第に目になじんだ。妙な言い方だが、「おしゃれなお墓」だと思えてきた。

川崎の霊園での墓じまいに密着したとき、墓石の下のカロート（納骨スペース）に、年月を経た骨壺が入っていたのをまじまじと見た。薄汚れたコンクリートに囲まれ、下は土。じめじめした空間で、遺骨が水浸しになっていたのが目に焼き付いている。骨はモノだから状態がどうであれ関係ないと思おうとしたが、やはりなんだか不憫《ふびん》だった。

館内の保管庫に収納される自動搬送式の納骨堂では、決して水浸しになることなく骨壺は清潔に保たれる。この「おしゃれなお墓」は、故人にとって気分のいい居場所かもしれない。だが一方で、ここに限らず自動搬送式とは、先にも書いたように、言ってみれば立体駐車場や物流倉庫と同じじゃないか、とも胸の内でつべこべ思う。

墓石の前に立つと、目の高さの位置に、利用者の家名などを刻字した厨子がセットされる。参拝ブースも、供花もお香も、他の時間に他の利用者も使う。つまり空間をシェアするものの、その中にいる時間は「うちのお墓」となる。この仕組みは、従来の自動搬送式と同じだが、参拝ブースに外の日差しが入り込み、何しろ明るい。私の目には「屋根のある外墓」と映った。そして、室内の最新型が「外」に向かっているとは、皮肉な巡り合わせだな、とも。

最新といえば、壁面に設置された液晶画面もだ。「固定の写真だけでなく、スライドや動画も入ります」と柴田さんが言う。ダミーを見せてもらうと、故人の思い出の写真の数々のほか、改葬前のものであろう外墓に徐々に近づいていきアップになるように見えるスライドも入っていた。

「改葬の方には、それまでの先祖代々のお墓の写真を入れませんかとおすすめしています。『あのお墓から、このお墓につながって今があるんだね』という感覚を持てると好評です」(柴田さん)

液晶画面には、閉じる前に「○○さんの○回忌は、×年×月です」などと回忌の予定年月が表示された。至れり尽くせりだ。

締めて、おいくらか？

一律90万円（年間護持費1万8000円）。外墓を買うよりも明らかに安い。参拝ブースは、3階と2階にもあり、合計14ブース。（2階は4階・3階の約2倍の広さで、納骨時の専用）。基数は6665基。販売開始から5か月間で約500基が売れ、のち2018年の早い時期に1000基を超えたそうだ。

「文京区小石川という地はブランドですから、購入する方は決め打ちで来られます。お骨を家にお持ちの方、改葬希望の方、寿陵《じゅりょう》つまり生前に買われる方。ほぼ、この3パターンです」（柴田さん）

意外な購入者がいらっしゃった。東京都東久留米市の小口君江さん（83歳）だ。夫が亡くなってすぐにここのお墓を求め、百箇日法要の後に納骨したが、実はお墓を持っていないわけではなかった。十数年前に埼玉県入間《いるま》市の、いわゆる郊外霊園に夫婦用のお墓をすでに購入済みだったのだ。

長女の竹中和美さん（55歳）がこう話す。「結局、入間の霊園のお墓は、まったく使わないまま返還しました。買った頃、まだ60代だった両親は、郊外のお墓がいいと思ったんでしょうが、父が病に倒れてから、母は遠くて行けないと思うようになったようです。娘の私は練馬住まいだし、入間まで来てくれないだろうと、ころっと気が変わったんです」

先に訪れた川崎の霊園で、昭和の後半に建てられたお墓に早くも寿命が来ているのを目の当たりにしたが、小口家では「平成」建立のお墓が空っぽのまま、その〝役目〟を終えたのだ。「結局、まったく使わず、行くこともなかったお墓ですが、両親は『自分たちのお墓がある』というだけで、心の支えだったと思います。なので、もったいなくはなかったと思います」。

母娘ふたりでここに見学に来て、即決した。母・君江さんが「もともと文京区の出身なので土地勘もあるし、『こんにゃくえんま』は昔から有名だし」とすっかり気に入ったそうだ。

君江さんは、すでに買っていた霊園のお墓に未練はなかったのだろうか。

「ええ。母は『私もマンション住まいだもの、やっぱり〝マンションのお墓〟の

方がいいわ』ときっぱり言いました」（竹中さん）

このお墓は、ひとりっ子の竹中さんが承継することになる。しかし、竹中さんの夫は長男。竹中家のお墓がある。両親一代だけのお墓になると言う。母の君江さんは、それを承知で購入したのだ。先般聞き及んだ近頃のお墓の傾向「都心のマンション化」「核家族化」にぴったり符合する。

「オールインワンの供養の館」と広告

もう1か所、新型の自動搬送式の室内墓を名古屋に訪ねた。観光スポットとして賑わう大須《おおす》観音にほど近い名古屋市中区に、2017年2月にオープンした「大須陵苑」だ。やはり400年の歴史を持つという、こちらは浄土真宗・興安寺（本院＝東京都文京区）の経営で、価格は82万円（年間護持費1万2000円）である。広告チラシには「12の魅力」としてこんな文言がずらりと並んで

大須陵苑の参拝スペースには幅125センチの堂々たる墓石が

いて、ちょっと笑えた。

〈1、お求め易い使用料。

2、葬儀・法事・会食もできるオールインワンの供養の館。

3、ご希望の方には最高位の院号居士・院号大姉を授与。

4、無縁になっても合祀し永代供養。

5、ロッカー式でも、合同墓でも、ありません。

6、永代に亘りご使用いただけます。

7、ご遺骨は何体でもお引き受け

いたします。
8、内外装は豪華な石貼り仕上げ。
9、心安らかに故人様をお見送り。
10、宗旨・宗派は問いません。
11、交通至便なお墓の一等地。
12、手ぶらでお参り。〉

「ビルで言うと9階建てにあたる高さに6階建てで、各フロアとも天井が高いんです。おかしな言い方かもしれませんが、グレード感がアップしていますでしょう？」

販売代行する株式会社ニチリョク（本社＝東京都杉並区）名古屋支店の住吉富士子さんがそんなふうに話し、迎えてくれた。住吉さんの名刺には「メモリアルコンシェルジュ」とある。ずいぶんな肩書きだが、1階ロビーはホテル並みのゴージャスさだ。

道路から向かって右が興安寺（6階・4階・地階）、左が大須陵苑（5階・3階・2階）と入り口が別なのも、おそらくここならでは。「軽装でお墓参りに来た人が、喪服の人たちに気をつかわなくていいように」との配慮だそうだ。興安寺側には広い本堂と客殿を擁し、100人までの葬儀、法要、食事ができるという。チラシを再度見て「オールインワン」の文言に、もう一度くすっと笑った。

大須陵苑側のエレベーターを上がる。参拝スペースは前述の小石川墓陵より一回り広いが、仕様の基本は同じだ。「墓石は黒御影石で、幅125センチ、高さ170センチを誇ります」と住吉さんの説明を聞くが、私は自動搬送式の納骨堂訪問がこのシリーズだけでも3軒目なので、申し訳ないが今ひとつ新鮮味を感じない。ところが、各フロアにある広々とした休憩室には驚きを隠せなかった。なんと、それぞれ「83畳」だそう。壁は大理石で、重厚なソファやテーブルが配され、高級ホテルのラウンジと遜色ない。

「お待ち合わせや、参拝後の休憩にゆったりとお使いいただけます。館内の豪華さ、日本一だと自負しています。名古屋には他にも自動搬送式のお墓が5、6か所ありますが、おかげさまで滑り出し好調です。ここ興安寺が、日本で初めて大型の自動搬送式のお墓をつくったこともご案内しています」（住吉さん）

興安寺は、もとは三河（現在の愛知）にあったが、１５９０（天正18）年に徳川家康の江戸開城に同行し、東京に移った寺だそうだ。その東京の興安寺がいち早く大型の自動搬送式のお墓に成功したため、「次は名古屋にも同様のお墓をつくろう」となったと見るのが自然だろう。

この「納骨堂のビル」のすぐ前にスーパーマーケットがある。見学した後、立ち寄って、買い物に来ていた女性たちに、私が館内を見てきたと言うと「どんなふうだったか」と質問攻めにあった。「お墓がぐるぐる動き続けているのか」（70代）、「古い墓石もセットできるのか」（50代）などとおかしな問いも飛んできた。

しかし、笑っちゃいけない。興味はあるが、情報が届いていない向きも少なからずいるのだ。

月イチでコーヒー片手に亡き母と会話

それならばと東京に戻り、次は、日本最初の大型の自動搬送式納骨堂だという興安寺「本郷陵苑」に行ってみた。先述した小石川墓陵から直線距離なら約500メートル。こちらも交通至便な文京区の住宅地にあり、販売価格は80万円〜（2018年9月現在）。

先述のとおり、2002年の開館だ。近隣のお宅3軒に飛び込み、「興安寺に本郷陵苑ができたとき、びっくりしませんでしたか」と聞いてみた。その3軒は普通の戸建て住宅で、平日の昼間、ベルを鳴らしたらたまたま出てきてくださったお宅だが、偶然にも3軒とも興安寺の檀家だった。60代、70代の女性3人だ。

「以前の、お寺の木造の建物が風情があって好きだったんですけど。でも、老朽化で建て替えるのは仕方ないじゃないですか」と口を揃えられた。「境内にあった墓地が、建物の中に入りますということになって、びっくりしましたけどね」と聞いて、私の方がびっくりした。自動搬送式の納骨堂とは別に、境内地から移転した檀家のお墓が「本郷陵苑」の地階にあるというのだ。3人とも「もう慣れました。バリアフリーだから、意外によかった」。おひとりは「新型（自動搬送式）のお墓を見学すると、もっとよさそうで、親戚にすすめたら買った。うちも、ゆくゆくは新型に改葬したい」とまでおっしゃる。

興安寺「本郷陵苑」の建物に到着し、もとの檀家のお墓を見せてほしいと頼んだら、総責任者の中澤亨さんが快く地下に案内してくれた。

エレベーターを降りて、呆気にとられた。コンクリートの壁に囲まれ、天井に蛍光灯が灯った広いワンフロアに、約500基の古い墓石がずらりと並んでいたのだ。中には「安永《あんえい》」「文化」など江戸時代の年号が記された墓石も交じっていた。いち早く、自動搬送式の納骨堂を導入したのは、勇断だったとうかがい知れるが、その勇断に伴う、外墓から「地下墓」への移転に、先ほど会った檀家の人たちは

「もう慣れました」なのである。都心住まいの人たちだから、順応性が高いのか。それとも、私が尋ねた人がたまたまそうだったのか——。

閑話休題。「本郷陵苑」の館内に入る。先に見てきた豪華さ、斬新さはないが、木調のカウンターの設けられたロビーは、15年以上を経ているだけあって人いきれの蓄積を感じた。新しい建物にどこか感じがちな落ち着きのなさはない。

「本館と新館に計34の参拝ブースがあり、合計1万基です」と、中澤さんが言う。巨大だ。

利用者は、約15%が近隣、あとは交通至便なため、遠方から求めている。「会社が近いから」「巨人ファンなので東京ドームに観戦に来るときに寄るから」といったことを理由に挙げる購入者もいるという。わざわざの墓参ではなく、「ついで」の墓参も大いにアリという風潮は、今に始まったことでなかったのだ。

「母が好きだったから」と、カップのコーヒーを手に持ち、お参りに来た女性に会った。恵比寿のアルバイト先からの帰路だという板橋区の主婦、田中雪枝さん(41歳)。コーヒーは本郷三丁目駅近くのカフェでテイクアウトしてきたという。

「墓前に供えて、母に『どうぞ』と。それから私が飲むんです。月イチくらいの頻度でふらっと来て、母とコーヒーを媒介に会話するのが習慣になりましたね」

田中さんは、夫と幼稚園児の娘との3人暮らし。一戸建てのマイホームも手に入れ、幸せな家庭生活を送っているにもかかわらず、「ここで過ごす時間が、一番落ち着く時間かもしれない」とまで言う。

カジュアルな墓参に見えても、やはり思いは深い。ここ本郷陵苑にお墓を求めたのは開設間もない2002年。田中さんはまだ独身で、公務員だった。

「生まれてすぐに亡くなった兄がいたんです。若かった両親は、当時お墓を買うお金がなく、千葉の霊園にある父の実家のお墓に、兄のお骨を長く入れてもらっていました。昭和11年生まれの父は17人きょうだいの下から2番目。祖母が亡くなって、そのお墓が満杯になるとかで、兄の分を〝出してくれ〟となったんです」

両親と一緒に予算100万円でお墓を探したが、「茨城まで行かなきゃ100万円ではなかった」。そんなときに新聞広告で目に入ったのがここだったという。

「あの当時、60万円で、まず価格ありきだった私にとっては魅力的でした。父だけ〝土の上のお墓〟にこだわりましたが、将来、私がお墓を継ぐことを考えると、お参りのしやすさを優先することになったんです。すでに定年後だった親に代わって私がローンを組み、いい買い物ができました。すごく喜んでいた母は、まさか自分がこんなに早くお墓に入るとは思ってなかったでしょうね。急死だったので」

もうひとり、お参りに来ていた男性と話せた。

会社員の新保聡さん（49歳）。5年前に亡くなった事実婚の妻が本郷陵苑に眠っているという。住まいは昭島《あきしま》市だが、業務で本郷付近に来ることが多いため、「ここがベストでした」と言い切った。

「実家の代々のお墓は八王子の寺にあります。ぼくは長男なので、そこに妻を入れる選択肢がなかったわけでもないですが、選びませんでした。妻自身が一度も会ったこともない人たちが入っているお墓に、ひとりで入るって、かわいそうじゃないですか」

ふたりとも40代になってからの社内結婚だったという。事実婚なのは「入籍する前に、妻にがんが発覚し、余命を知った妻が入籍を拒んだから」。

1年半、闘病し、亡くなったそうだ。ふたりともお酒が好きで、元気な頃、居酒屋によく飲みに行った。新保さんは、ふたりで呼び合った「さとちゃん あさちゃん」との文字と、徳利と猪口ふたつの絵を厨子の銘板に入れた。

「近くを通り、毎日のようにお墓参りに来ることもあれば、2、3週間あくこともあります。『あさちゃん』に、あんなことがあった、こんなことがあったと報告します。もっとも、共通の友人たちもよく寄ってくれているので、報告がかぶることもあるでしょうが」

淡々とした口調で話してくれた。

皆、何かしら事情を抱えて、自動搬送式の納骨堂を選んでいる。そして、皆、満足している。自動搬送式は、つい仕様の斬新さに目がいきがちだが、「お墓」としての役目は外墓と変わらないのだと、改めて思う。お参りしやすい環境が、人とお墓を近づけるのは確かだ。

私がこうした形式の墓を初めて取材した2014年には、「都内に5、6か所」と聞いたが、先に述べたように、目下、首都圏には建設中のものを含め、自動搬送式の納骨堂が約30か所に増えている。1か所につき基数は平均4000〜5000。完売すれば使用者数は12万〜15万人にのぼる。明治時代からの歴史がある8か所の都立霊園の使用者は約28万人だから、自動搬送式の納骨堂は1990年代後半に誕生して約20年でその約半数を占めようとしているのである。

2018年1月には、他に類をみない広々とした自動搬送式納骨堂がお目見えした。「目黒御廟」(東京都品川区)。山手線目黒駅から、しゃれた外観のマンションが立ち並ぶ緩やかな坂道を3分ほど上がった高台に建つ、シルバーグレーのスマートな建物だ。

「特に都心部では広さを確保しづらいため、他社の自動搬送式の納骨堂は高層ですが、当館の敷地面積は都内最大の2047平方メートル、3階建て。贅沢な造りです。お墓も都内最大級の9500基を誇っています」と、販売を担当する株式会社目黒御廟の販売所長は胸を張る。

参拝室は38か所を数える。オープンから5か月間の販売価格は、天井高や調度の違いにより、85万円、108万円、136万円の3種類で、いずれも年間護持会費（管理料）が1万5000円。規模にもよるが、業界で「初速、1か月に80基が成否のボーダー」と囁かれる中、5か月間で500基が売れた。

「安価なタイプから売れると目算していましたが、意外にも、最多販売は136万円のタイプです。想定外のことが起きています」（販売所長）

この納骨堂にほど近い品川区や目黒区に住む人たちの購入が少なくないばかりか、その人たちがお仲間を紹介してくれるのも想定外だった。場所と建物を気に入る。そして宗教に関して、普段はさしたる興味はないが、葬送に際しては「やっぱり少し必要」と感じるといった「ちょうどいいくらいの距離感」が受け入れられているのだろうか。運営は、浄土真宗本願寺派の應慶寺《おうけいじ》（本院＝渋谷区）。住職の樹谷淳昌《きたにあつまさ》さんが言う。

「本院の経営は順調ですが、いずれ寺離れの時代が来ることは免れられないため、先手を打ちました。郊外の霊園では、利用者が寺への帰属意識を持てませんが、館内で必ずスタッフと顔を合わせ、僧侶も常駐するこの形式なら葬式や法要の依頼につながります」

館内には、500人規模までの葬式が可能な荘厳な本堂や、人数に合わせて対応できる法要室も設けられている。「葬儀会館として他宗派や神道、キリスト教の方にもご利用いただいています」とのことだ。ハイグレードな土地柄と施設、そして門戸を広く開くことを武器に、9500もの基数で、スケールメリットが図られ

上）目黒御廟2階の参拝室には、
墓石ではなく銘木一枚板が施されている。
下）厨子の銘板に、写真を入れることもできる

ている。

「商売が過ぎないか」「誰が操っているか」「つぶれないか」

自動搬送式の納骨堂に行けば行くほど、私にはいいところばかりが見えてきた。しかし、一方で、素朴な疑問もわいてきた。

ひとつは、「商売が過ぎないか」ということ。取材に行った5か所のうち、「小石川墓陵」(東京都文京区)は源覚寺のもともとの境内に、「本郷陵苑」(同)は興安寺の建て替えにあたって新設されたが、「新宿瑠璃光院」(東京都渋谷区)と「大須陵苑」(名古屋市中区)、「目黒御廟」は寺と縁がなかった土地の上に、「新たに納骨堂をメーンに建て、ついでに寺もくっつけた」ように思えてならなかった。もっとも、目黒御廟の應慶寺は都内にある。大須陵苑の興安寺は、400年前に三河にあったため、ルーツの町に再建したとこじつけることもできようが、新宿瑠璃光院の本坊である光明寺は岐阜だ。東京にはもう1か所、町屋（荒川区）に寺があるほか、千葉、埼玉、京都、滋賀に本院や分院がある。しかも京都の寺は「旧家の名建築を買い取り、寺院に改めた」とのことだった。多角経営の材料にお墓を扱った、商売上手な匂いが強いと感じられてならなかった。

「それを話すには、遡《さかのぼ》って説明しなければなりません」と、光明寺住職の大洞《おおほら》龍《たつ》明《あき》さん（80歳）が応じてくれた。

大洞さんは、1960年代に真宗大谷派（本山＝京都市）の本山企画室長を務めていた。そのとき、宗門の寺が少ない関東に布教するため、100か寺を関東に新設する企画を立てた。しかし、1969年に、いわゆる「お東《ひがし》騒動」（宗派内の対立）が起き、実現しなかった。騒動後、東本願寺派は真宗大谷派から離脱し、300以上の寺院が包括宗教団体に属さない、それぞれ「単立」の寺院となり、大洞さんが住職を務める岐阜の光明寺もそのひとつだという。

そこで、大洞さんは「100か寺の新設は無理でも、個人の力で10か寺を関東につくり、浄土真宗の布教をしたい」と考えた。当時、人口が急増していた千葉県船橋市、東京都荒川区などに布教所を設けたのを手始めに、いわば寺の建物のスクラップ・アンド・ビルドを繰り返してきた。関東圏に進出すると、たちまち信者が押し寄せたため、対応できるように、大洞さんは自ら僧侶を育て始めた。その延長で、他宗の賛同者も得て、「自坊のためだけではなく、広く仏教入門の場に」と1988年に任意団体「東京国際仏教塾」を立ち上げた。通信教育制で、宗門を超えて仏教を学ぶ塾である。以来、総計約1900人が入塾し、692人の伝統7宗派（真言宗、天台宗、浄土宗、浄土真宗、臨済宗、曹洞宗、日蓮宗）の得度者を輩出している。東京国際仏教塾の事務局や他宗の協力者、卒業者らにも話を聞いたが、間違いなく手弁当の活動だ。

「新宿瑠璃光院は納骨堂が媒介ですが、広く仏教を広めるという大枠はブレていません」

そう聞いて、私はなるほどと思った。新宿瑠璃光院の「どなたも参加自由」という日曜礼拝に参加してみたところ、法話のほか、ピアノ伴奏での「仏歌《ぶっか》」の合唱や、写経、写仏、座禅など、〝仏教初心者〟にも興味深く、楽しいプログラムが多かった。ランチタイムやプレミアムフライデーに、近隣のサラリーマンに向けて座禅ルームを開放しているともいう。最初に訪問したときに副住職から「仏教ルネサンスの寺です」と聞いたが、過分な言葉ではなかったのだと思う。

光明寺、新宿瑠璃光院を例にひいたが、寺を維持していくために、知名度アップも経済活動も大事なことは言うまでもない。赤坂の自動搬送式納骨堂が収益事業とみなされ、オープン翌年の2014年に、東京都が固定資産税と都市計画税の課税を通知した例もあるが、いわゆる檀家が減り、収入が望めなくなっていく中、寺には寺の事情がある。

もっとも、自動搬送式の納骨の建設には、数十億円が必要とされ、そんな大金を寺が単独でまかなえるはずがない。一部の寺直営のところを除いて、ほとんどの自動搬送の納骨の販売は代行会社が担っている。

もうひとつの疑問は、「誰が操っているのか」。導入と経営の仕組みだ。これについては、皆さん口が固い。本堂の建て替えを検討していたという都内のある住職が口を割ってくれた。

「郊外に霊園をつくりましょう、というのと同じなのです」

その住職は、不動産のコンサルタント会社など4社から「自動搬送式の納骨堂の設置を検討ください」と持ちかけられたという。

「霊園ブームだったときと同じです。『お寺にリスクはかけさせません。名義貸しだと思って、利益をとってください』と甘い言葉を投げてくるのです」

民営霊園を管理運営できるのは、公益法人か宗教法人に限られる。しかし、実質は宗教法人が名義を貸す形で、不動産会社、石材会社など何社もの一般企業が連携して経営している。公設霊園では、霊園内に建てる墓石をどの業者からでも購入・施工できるが、民営霊園には「指定石材店制度」があり、多くの場合1霊園につき数社の「指定石材店」の利用に限られる。それらは、霊園開設に資金を出した、実質の経営会社やその関連会社で、名義を貸した寺は、墓が売れるとマージンが入る仕組みだという。

その住職が持ちかけられ、「やや現実的」と思ったのは、「1200基」「総費用72億円」というものだったそうだ。

「宗教的意味合いは薄く、商売気そのものでした。『資金調達から許認可、建築計画、販売計画までおまかせください』『1基80万〜100万円で販売し、利益を分配します』『納骨時をはじめ法要需要が発生し、顧客を取り込めます』と煽られましたが、私は顧問弁護士に相談し、断りました。名義貸しとはいえ、多額の借り入れをし、寺の土地建物を抵当に入れることになる。自動搬送式の納骨堂の販売に失敗したら、寺そのものがつぶれ、元も子もなくなる。ランニングコストも高い。リスクが高すぎました」

販売に失敗したら、寺そのものがつぶれる——。利用者側にとっては、ある日突然「この納骨堂、クローズします。骨壺を持って出て行ってください」と言い渡されることになるのか。

検索すると、JC−NET（ジェイシーネット＝倒産情報アーカイブ）に、2010年8月6日付で、こんな見出しの記事があった。

〈東本願寺派の宗教法人　永宮寺《えいぐうじ》（福井県）／破産　仏様もびっくり〉

要約すると、「1392年開基の古刹・永宮寺が2005年に自動搬送式の納骨堂『はちす陵苑』5000基を設けたが、60基しか売れずに行き詰まり、第三者破産申し立てにより、破産開始決定を受けた。負債額は約4億円が見込まれる」とのことだ。地元・福井県あわら市の関係機関に聞くと、「納骨堂の販売価格は50万円だった。建設会社の手に渡った後、別の寺が購入し、今は『国際霊園　あわらの郷《さと》』という納骨堂に変わっている。永宮寺本体の建物と敷地の所有権は、永宮寺と同じ宗派の安成寺《あんじょうじ》（石川県志賀町《しかまち》）に移り、運営が引き継がれた」という。

現地に足をのばした。東海道新幹線・米原《まいばら》駅で北陸本線の特急に乗り継ぎ、東京から約4時間の芦原《あわら》温泉駅で降りる。小さな町だ。

まず、破産した永宮寺に行く。住宅地の中にあった。安成寺に名義変更されたはずだが、本堂の脇に「永宮寺　寺務所」と年季の入った表札がかかったままで、本堂の横手に墓地も広がる、穏やかな寺の風景だった。

「私が住職です」と出てきてくれた女性が、破産時の住職の娘さんで、破産後に僧侶資格を取得したとのこと。「今は安成寺さんにサポートしてもらいながら、宗教法人資格の再取得を目指して、年に1回、県に活動報告を出し、今、活動実績を積んでいるところです」

駅前からタクシーで自動搬送式納骨堂「はちす陵苑」の跡――つまり今は「あわらの郷」となっているという場所へ向かう。国道を北へとり、田畑が広がる光景が続く車窓を眺めつつ20分余り走ると、「国際霊園　あわらの郷　この先700m」の看板が目に入った。右折して緑深い山道をたどる。

山道の終点に現れたのは、7万坪余りの広大な土地に立つ、高級リゾートホテルのような建物だった。

エントランスを入ると、吹き抜けの広いロビーが広がる。黄金色の壁を後背に、阿弥陀如来像が鎮座し、間接照明が当たっている。豪華で美しい――。とっさに思い出したのが、第2章の最初に書いた新宿瑠璃光院だ。あそこと肩を並べる高級感があふれているではないか。はちす陵苑の居抜きと見て取れる。

濃紺のスーツをきりっと着用した販売代行会社の女性が「ご見学ですか」と声

をかけてくれ、私は「はちす陵苑がその後どうなったかを知りたくて来ました」と伝えた。しかし、「申し訳ありませんが、昔のことは存じあげません。私どもは2013年に『新しいスタイルのお墓参り』の場所としてオープンした納骨堂でございます」とおっしゃる。

ともあれ、館内を見学させてもらう。新宿瑠璃光院にも仏像ギャラリーがあったが、ここにも、千手観音像やお釈迦様像が柔和な笑みをたたえておられる。緻《ち》密《みっ》な彫刻が施された三重塔も館内に聳えていた。

参拝場所は1階と2階に8か所ずつあった。基数は5000基。すでに数百基を販売済みだという。「雪が積もってもお参りできますから、寒さの厳しい土地柄に合うスタイルです。もっとも、日本海側には、うち以外に自動搬送式の納骨堂がなく、唯一ですが」と女性が話してくれる。販売価格は70万円。利用者の8~9割が地元の福井県と石川県在住。1~2割は「他県住まいだが、この地の出身だとか縁のある方」が購入しているという。

はちす陵苑の破産に直結して、お墓の利用者にどのような措置が講じられたのだろうか。破産管財人だった八木宏さん（福井弁護士会）に会いに行くと、開口一番「永宮寺がなぜあのような斬新なアイディアの納骨堂をあわら市の山の中に建てたのか、誰が儲かるのか、私にも未だにわけが分からないんです」。

はちす陵苑を経営していた永宮寺は、自己破産ではなく、複雑だった。施工業者は、永宮寺が納骨堂の建築代金などを払わなかったので、納骨堂（不動産）について不動産強制競売の申し立てを行い、自らが買受人となって落札した後に、永宮寺と住職に対する破産を申し立てた。そのため、2010年7月26日の破産の時点ですでに納骨堂の所有権は施工業者にあったのだという。そのような状況の中で、八木さんは、はちす陵苑の廃止届を出すために、利用者に遺骨を返還する必要があった。購入者は62人で、そのうち30人が納骨（水子の納骨を含む）済みだったそうだ。

「その人たちには、破産手続き開始の直後に、福井地裁からその旨の連絡がまずいっています。当職からの連絡は、2010年8月4日付で、『8月31日までにお骨をお返しすることになったので、取りに来ていただきたい』という内容の文書を郵送したのが最初です」

利用者にとっては、「寺の破産」も「遺骨の引き取り」も寝耳に水のことだったはずだ。八木さんからの文書には、代替墓地の紹介はできないこと、永代供養料（購入代金）については、配当の見込みがないことなども記入された。利用者はご立腹でしたでしょう、と聞いてみた。

「もちろんです。『じゃあ、うちの骨壺はそちらに置いておいて』とおっしゃった人もいて、『いや、そういうわけにはいかないのです』と説明し、一方的に取りに行く期限を切られては困るという人には、個別に対応しました」

遺骨を他の墓地に移すには、はちす陵苑の「埋蔵証明書」が必要だが、遺骨を家に持ち帰るだけなら不要だ。「埋蔵証明書」を希望した人たちは、わずかだったという。

「なかなか連絡がつかなかった人がひとりだけいて、その人に内容証明郵便を送ったのが、翌2011年の3月でした」

そのとき、別の寺が「あわらの郷」を設けると決定していたため、結果、そのひとりだけが、遺骨を動かさずに「あわらの郷」に預けることになったそうだ。
こうして、２０１１年6月28日に「永宮寺の納骨堂」の廃止届を福井県に出し、受理された。

さらに、古くからの檀家（お墓が境内などにある檀家）が約３００軒あった永宮寺の顛末は、なおのこと複雑だったと八木さんは言う。納骨堂の破綻は、本体の寺の檀家にとっても、ある日突然「菩提寺、なくなります」だったのだ。

永宮寺の土地建物は、破産前、自動搬送式納骨堂のメーカーに所有権移転登記がなされていたため、八木さんは民事訴訟（宗教法人法を遵守した所有権譲渡でなかったことを根拠に提訴し、和解）をして取り戻し、檀家への対応、永宮寺自体の管理、売却先の寺探しを並行して行ったという。

「当初は、住職一家を退去させ、永宮寺を閉める方向で檀家に案内しましたが、すでに葬式や法事の予約が入っている家もあったので、当職の管理の下で寺の事業を継続した上で、売却先の寺を探すことに方向転換しました。『境内のお墓参りは、これまでどおり行っていただけます。墓地については、新たな運営主体への引き継ぎを予定しています』という旨の連絡文書を出しました。檀家から反発の声は上がりませんでした」

宗教法人が破産手続開始決定を受けても、元住職の僧侶としての宗教活動は妨げられないため、檀家からの法事などの依頼対応、受領した布施の管理などを八木さんが行い、寺の機能を継続させたという。売却先探しは、難航した末、手をさしのべてくれる寺が見つかった。それが、現住職が「サポートしてもらっている」と言った安成寺だ。

安成寺は、あわら市の70キロほど北方、能登半島の中ほどの小さな集落の中にあった。住職の鵜之家《うのけ》元彰《げんしょう》さん（64歳）は言う。

「永宮寺の前住職らに頭を下げられ、断れなかった。うちはイノシシ相手に説法しているような田舎寺ですが、檀家の信心を守り、墓も守る活動を続ける手伝いは、僧侶として『しなければならないこと』だと思いました」

いずれにせよ、永宮寺は2011年3月に安成寺の名義となり、同年11月には境内墓地の経営の引き継ぎ許可も下りた。その後に、娘さんが得度。「宗教法人の認可を取り、再スタートを目指す」という流れにつながる。

紆余曲折の末、破産した寺も納骨堂も、落ち着くところに落ち着いたと思いたいが、同様の例は他にもあるのか。八木さんが、「『寺の破産案件を扱うことになったが、先例を体験されたあなたに、ポイントを教えてほしい』という電話が、東京と宮城の弁護士からかかってきた」と言ったことも付記しておきたい。


さらに、どこの自動搬送式の納骨堂にせよ、「機械が故障しないのか」という疑問もある。

取材先で遺骨の保管庫の内部も見せてもらったが、整然と厨子が並び、コンピュータ制御により運ばれる構造は、モノが他の製品であろうが変わらない印象を受けた。自動搬送式納骨堂をつくっているのは、ダイフク（本社＝大阪市西淀川区）、豊田自動織機（同＝愛知県刈谷市）、ＩＨＩ（同＝東京都江東区）、村田機械（同＝京都市伏見区）など大手物流システムの会社だ。例えばＩＨＩのホームページには「『省スペース』『低コスト』の搬送式納骨で、〝新しい参拝の形〟をご提案」などと謳われている。

しかし、物事には光と影があって当然だ。メンテナンスに相当な費用がかかるだろう。もしも、ひとたび故障すれば「お参りに行っても参拝ブースが開かない」「骨壺が保管庫に入ったままになる」といった、困ったことになるのではないか。

また、構造物としてマンションと比べるなら、老朽化したマンションの建て替えには、区分所有者の5分の4以上の賛成が必要だが、自動搬送式納骨堂には購入者同士の自主的なつながりはない。「購入を促すために、販売時に提示される年間管理料は安いが、どの施設の約款にもその料金が恒久的に続くとは書かれていない。一定期間を超えるとメンテナンス費用が当初試算よりもはるかに多くかかるようになり、ある日突然『大幅に値上げします』となることが必至だ」という関係者の声も聞いた。

あるシンポジウムに登壇していたメーカーの担当者は「耐震構造も完璧で、20年間で一度も故障していません」と説明していたが、今後の保証はない。

第3章

仏壇、ロッカー型と永代供養墓の進化形

自動搬送式とまで割り切れないが、
外のお墓を買うほどではないという人たちが、
仏壇型、ロッカー型の納骨堂に注目する。
遺骨は定位置に収まるらしいが、
それなら、単なる骨壺置き場とどう違うのか。
また、近頃増えた永代供養墓は、
〝納骨したら終わり〟のお墓？

自動搬送式と外墓の間をとって仏壇型

「私は『ピッのお墓』がいいと思ったんですが、主人は外のお墓をつくりたいと反対しました。〝間をとった形〟になって、ちょうどよかったと思います」

こう話すのは、先頃、徳島から東京へ改葬した岡田佳子さん（58歳＝東京都渋谷区）だ。

彼女の言う「ピッのお墓」とは、第2章に紹介した、ICカードをかざすと厨子（納骨箱）が運ばれてくる自動搬送式の納骨堂のことだ。音はしないが、ICカードをかざすときのイメージは「ピッ」。言い得ている。

佳子さんは同世代の友人たちと「お墓をどうするか」が話題にのぼることも多

160基の「ロッカー型」が並ぶ立正寺の納骨堂。右手には「仏壇型」が

く、都内あちこちに自動搬送式のお墓ができていることを知っていた。いいと思ったのは「雨風関係なしにお参りでき、今の時代に合っているから」だという。

ところが、昨年義母が亡くなり、「東京にお墓を」が現実的になったとき、夫(59歳)は「軽々しい。お墓と思えない」と難色を示した。

「真っ向から意見が割れましたが、偶然とは思えないような出会いに導かれまして」

佳子さんが〝間をとった形〟と言ったのは、寺の堂内に設けられた「仏壇型の納骨堂」である。「仏壇型の納骨堂」は聞き慣れないので、少し説明したい。第1章でも触れたが、厚生労働省の衛生行政報告によると、今、日本の墓地総数は87万412（2016年度）。そして、これとは別に、「納骨堂」総数は1万2440（同）である。

厚生労働省に問い合わせると、「墓地」とは、ごく普通に私たちがイメージする「地中に遺骨を埋める」形式の墓地のことで、大規模な霊園も、小規模な寺院墓地も、昔ながらの村落の共同墓地も1か所とカウントされている。一方、「納骨堂」は「焼骨を収蔵するための、地中に遺骨を埋めない施設」のことという。「つまり屋内の施設ととらえていいですか」と聞くと、「屋外でも屋根が付いておれば納骨堂です」とのことで、ややこしいが、「屋内墓」「室内墓」「堂内墓」などの表現と同義だそうだ。私なりに言い換えれば、納骨堂には「遺骨が動くタイプ＝自動搬送式」と、「遺骨が動かないタイプ＝仏壇型、ロッカー型、棚型」があるということだ。いずれも、都道府県知事（市の場合は市長、特別区の場合は区長）の許可を得た区域・施設である。

そもそも、棚型（棚に骨壺を置く形式）の納骨堂は、昔からあった。北海道や九州では、外のお墓と納骨堂の両方に分骨し、お参りは納骨堂の方へ行くのが今も昔も一般的だという。寒暖厳しい風土が生んだ合理的な形式だ。また、関西では浄土真宗の寺で恒久的に堂内に骨壺を置くところもあるが、それ以外の地では「お墓を建てるまで、遺骨を一時的に保管してもらう場所」として機能するのが一般的だった。

ところが、ここ10年ほどで、特に東京では様相が変わった。外のお墓と同じ役割を担う納骨堂が次々と誕生した。形としては、自動搬送式の他にも、まさに仏壇のような形の仏壇型や、ロッカー型なども増えているのである。

そんな状況を見てきた葬送ジャーナリストの塚本優さんは、こう語る。

「もはや納骨堂は、暫定利用のものではなくなっています。『墓地、埋葬等に関する法律』では、遺骨の墓地以外への埋葬を禁じていますが、納骨堂は埋葬するわけではないので、法的にも問題ありません。自動搬送式とまで割り切れないが、外のお墓を買うほどではないという層が、仏壇型、ロッカー型に流れています」

「ロッカー型」も黒の本塗りで荘厳（立正寺）

佳子さんの話に戻る。岡田家の改葬先となった「仏壇型の納骨堂」は、渋谷区代々木の立正寺《りっしょうじ》という寺の中にある。

「うちの場合、立正寺さんと〝見えない糸〟で昔からつながっていたんじゃないかと思えるんですよ。素敵なところだから、ご覧になって」と佳子さんが紹介してくれ、訪ねた。

新宿から小田急線でわずか2駅の参宮橋駅から歩いて3分の住宅街に立ち、3階建てほどの高さだ。自動搬送式の納骨堂を立て続けに見てきた私の目には、小さな寺と映ったが、自動搬送式の建物が巨大すぎて、感覚が麻痺していたのだと、ほどなく思い改めた。訪れたのは4月上旬。境内に入ると、桜の古木が咲き誇っていた。戦国大名、山内一豊の下屋敷の跡地だそうだ。

住職の吉崎長生《ちょうせい》さん（65歳）が対応くださった。

「京都の大本山本能寺の末寺で、法華宗です。岡田さんのご実家と同じ宗派なんです。お母さまの葬儀の席で、偶然の巡り合いがありました。東京に懇意な寺がないとのことで、たまたまの仏縁でした」

佳子さんが言った「偶然とは思えない出会い」「見えない糸」とは、家の宗派のことだったのだ。立正寺は、吉崎住職の祖父が法華宗を信仰し、1931（昭和6）年に茨城県下館《しもだて》市（現筑西《ちくせい》市）に開堂したのが始まりで、1952（昭和27）年にここ代々木へ移転してきた。歴史は100年に満たないが、信仰に裏打ちされた寺のようだ。

納骨堂は2006年に本堂を新築する際に、従来のものに加え、増設したという。自動搬送式を選ばなかったのは「法華経の信仰の規範に合わない」ことに加えて、「何千もの基数だと責任を持って供養できず、宗教的意義もないがしろにされるから」とおっしゃった。

靴を脱いで、堂内に入る。納骨堂は、フローリングのフロアを進んだ右手にあった。幅5メートル、奥行き25メートルほどの広さで、通路の両側に私の背より高くて立派な仏壇（に見える）60基と、ロッカーが5段に合計160基並んでいた。正直に言うと、最初この光景は「異様だ」と思った。仏壇は家に置くものでしょう、という思いがぬぐえず、これがお墓だとはピンとこなかったのだ。

しかし、この日、同行のカメラマンに、「何人もの方々がここに眠ってらっしゃると思うと身がひきしまるね」と耳打ちされ、はっとした。自動搬送式では、参拝ブースで対面する、遺骨の入った厨子は自分の家のものだけだから、他の大勢の故人の気配のようなものを感じることはないが、ここでは違う。室内全域に、いわば故人がいる。張り詰めた空気に気圧《けお》される。仏壇型もロッカー型も材質は木で、黒の本塗り。凜とした空気が満ち満ちている。

「まず、あちらのご本尊にご挨拶してから、個別のお墓にお参りくださいと皆さんにご案内しています」と吉崎住職が言う。それは、「永代供養墓」の上に祀られ、納骨堂全体を見守るという法華宗の「曼荼羅《まんだら》本尊」で、宗祖・日蓮聖人の座像もあった。

仏壇型の扉を開くと、「南無妙法蓮華経」の掛け軸が目の高さの位置に掛けられ、仏具も仏壇さながらだ。遺影のほか、腕時計やアクセサリーなど故人の愛用品らしきものが入れられたものも多い。岡田家のお墓には、きれいなプリザーブドフラワーが供えられていた。大理石で区切られた下段に8人分の骨壺が入る。33年間使用でき、位牌と仏具付きで180万円。ということは、1年につき約5万5000円、1か月約4500円かと、頭の中で算盤をはじく。

ロッカー型もまた文字通りの形状で、こちらは「団地」だなと思った。団地には団地のよさがある。49センチ×32センチ×44センチとコンパクトだが、内部に金箔が貼られ、美しい。やはり中央に掛け軸があった。骨壺2つが入り、故人ゆかりのグッズも多少は入れられる。使用期間は13年と33年があり、60万円からだそうだ。

使用期間の限定に私は少しひっかかったが、「更新することもできます。期間が終わると、ご遺骨を永代供養墓に合祀し、永代にわたってご供養させていただきます」とのことだ。その永代供養墓に、いきなり入ることもできるのだろうか。

「もちろんです。おひとり10万円で承っています」と、吉崎住職。

仏壇型、ロッカー型も一興だな——と思えてきた理由の第一は、供花と線香だった。やはり、お墓には自分でお花を供えたい。ここでは、お参りに来た人の個性とセンスがうかがえる花束が供えられていた。お線香の心地よい香りもしみついている。電子線香ではこうはいかない。

もっとも、自動搬送式の納骨堂には共用といえども参拝ブースにあった「墓石」がここにはない。「墓石のないお墓」への違和感はなくはないが……。しかし、宗派を限定しているのは、本来の寺の姿かもしれない。

「かつて『家の宗教』が機能し、日本の仏教は保たれてきましたが、今の人は『信仰は自由だよ』ですよね。法的にはそのとおりです。しかし、寺が〝商売〟のために〝お客様〟に寄りすぎるのはどうかと思うので、この形をとったのです」（吉

崎住職）

無縁墓林立の共同墓地から東京・代々木へ

岡田家は、四国・徳島県からの改葬で、「東京にお墓を」には少し複雑な経緯があった。

佳子さんの夫の祖父母が徳島県から関西に出てきた人で、夫は関西の生まれ育ち。大学進学時に上京し、40年余りになる。佳子さんは東京近郊の育ちだ。

一家のかつてのお墓は、徳島県内の昔ながらの共同墓地にあった。義父は「分家」。関西暮らしの方が長くなっても「本家」のお墓のそばにお墓を建て、関西に移さなかったのだ。信仰深かった義父母は、関西の自宅に、隣市にある同じ宗派の寺から「月参り」に来てもらっていたそうだ。

義父は、佳子さんが結婚した4、5年後に亡くなった。義母は長くひとりで関西で暮らし、高齢になってから東京に引き取られた。佳子さんの家の近くの老人ホームで昨年亡くなったという。

「私、義母が大好きだったんです。徳島のお墓は遠すぎる。結婚したすぐ後に、お墓参りに連れていってもらったことがありましたが、足元はぬかるみで、コウモリがいるような暗くて怖い墓地でした」と佳子さんは言った。「大好きな人」を遠くの寂しいお墓に眠らせるわけにはいかない。近くに眠ってほしいと、夫婦で代々のお墓をたたみ、東京へ改葬すると決断したのだった。

実は、私は岡田家が徳島のお墓をたたむ日に、立ち会わせてもらっていた。

共同墓地はJRのターミナル駅から車で20分ほどの山裾にあった。山裾のすぐ近くまで5階建ての団地が立っており、かつての岡田家もあったはずの「古い集落」は跡形もなく消えている。佳子さんが言った「コウモリがいる」の雰囲気ではなくなっていたが、墓地の入り口から20メートルほど歩く間に、靴は泥だらけになった。

岡田さん一家より、少し早めに着いた私は、共同墓地の奥に広がる光景に、腰をぬかしそうになった。まるで廃墟だ。木々が鬱蒼と茂る中に、朽ちかけた小さな無縁墓が無数に林立していたのだ。

その数たるや、80基まで数えて切りがないとやめたが、少なくともその3倍以上認められた。草木をかきわけ近づき、小さな墓石の数々を見る。多くの墓石の刻字はほとんど解読できない状態に風化していたが、「元禄二年　又兵衛」「明治六年　菊」と読めるものが含まれていた。苗字のない時代の庶民の個人墓だろう。土葬だった可能性が強いと思われる。

それらの間に、ひときわ大きな堂々たるお墓が聳えていた。岡田家の本家のお墓だった。また、比較的足場のいい場所には「昭和」の建立年が刻字された「○○家」「××家」のお墓もあり、その中に「昭和三十五年」建立と記した「岡田家」のものがあった。

午後1時、早朝の飛行機で東京から着いた佳子さん夫妻と息子さんが、元の菩提寺のお坊さんと一緒に到着した。妹さん夫婦も合流した。

「昔は、みんな家の庭にひとりひとりのお墓を建てたんですよ。それが満杯になって、こうして山に建てるようになった。この辺りでは家の墓になったのは戦後ですからね」

久しぶりに訪れた佳子さんたちも、私同様、この変わり果てた無縁墓が林立する光景に驚きを隠せないでいたのを察したのだろう。お坊さんが、そう教えてくれる。

墓掃除が済み、抜魂法要が始まった。お坊さんがお経を唱え、全員が合掌する。お盆に載せた香炉が回され、順に焼香する。

それは、第1章に書いた川崎の霊園での墓じまいとほぼ同様だったが、1970年代以降に建てられた墓石が整然と並ぶ霊園と、江戸時代からの無縁墓が林立するこの墓地とでは、重みが違う。私には、お坊さんの唱えるお経が、数々の無縁墓にも届いているように思えてならなかった。

ここは、古い時代の死者たちの共同体に寄り添いながら、土地の人たちが暮らした集落の墓地である。この日、ここから岡田家が去りゆく。「昭和」に建立した他家のお墓もやがて去りゆき、墓参する人が完全にいなくなるときも、そう遠くはないだろう。

他人の私ですらそんな思いが去来するのだから、岡田家の人々の胸の内を思うと複雑だった。

寒い日だった。お経は8分で終了し、石材業者がカロート（遺骨を入れた場所）を開ける。4つの骨壺が取り出され、抜魂法要の開始から20分ほどで墓じまいの儀式は滞りなく終了した。そして、お坊さんも、岡田家の人々、妹さん夫婦も帰り支度を始めた。

そのときだった。「じゃあ後はよろしくお願いします」と、佳子さんが石材業者の人に、4つの骨壺を託すのを見て、お坊さんがすかさずこう聞いた。

「え？　骨壺を自分で持っていかないんですか」

「ええ。石屋さんが東京へ送ってくださることになっていますから」と佳子さんが答える。

「そんなかわいそうなこと……」

一瞬、不穏な空気が流れた。佳子さん夫妻は、顔を見合わせた。

「そうですか。昔だったら、そういうかわいそうなことをしちゃダメと申し上げたんですがね。映画にも、骨壺を抱いて汽車に乗るシーンなんかがよくあったでしょう。ああするものだったんですがね」と、お坊さんは続ける。佳子さんたちは押し黙った。

「ま、お決めになっているなら、私が口をはさむことではない。時代なんでしょうかね」と、お坊さんは誰に言うでもなくつぶやいた。

私は辛くなった。お坊さんは、なぜこのタイミングで正論を振りかざすのか。やっとの思いで、墓じまいをした佳子さんたちへの思いやりに欠けるのではないか。「そういうことをおっしゃるから、仏教離れが進むんですよ」と投げかけたい気持ちになった。

しかし、佳子さん夫妻は気遣いの人だ。深々と頭を下げて「申し訳ありません」とお坊さんに詫び、そして何事もなかったかのように、お坊さんと肩を並べて、歩き去って行った。

私は、しばらく墓地に残って、石材業者が墓石を解体し、クレーンで吊り上げていく作業を見ていた。この石材業者の人に他意はないだろうが、墓石の撤去工事中、4つの骨壺は汚れた地面にぽんと置かれたままだった。

「こういった依頼は多いんでしょうね」と業者に聞くと、「いや、今はそんなに多くなく、昔の方が多かったです。改葬は今に始まったのではなく、こういった足場の悪い山の共同墓地から麓の霊園へ移動させるのが多かったんですよ。ちゃんとご供養して。でも、もうそういうケースはほぼなくなり、今日の岡田家のようにきっちりと抜魂法要をする方はごく一部です。知らん顔して、先祖をそのまま置いといて、次の人が亡くなったからと新しいお墓を買う人が多いですから」。無念そうに近頃の状況を教えてくれた。

さて、墓じまい・改葬が行われた4か月後、佳子さんに電話した。

「一昨日、雨でしたが、新宿に行った帰りに、お花を持ってお参りしたばかりです。主人も散歩がてらよく行っています。2週間もお参りがあいたことないんじゃないかな。『お義母さん、新しいお家の住み心地はどう？ 見える景色は変わったけど、お義父さんたちと一緒に眺める代々木もいいでしょ』な〜んて、話しかけていますよ」

「仏壇型の納骨堂」は、岡田家にとって滑り出し快調のようだ。

600万円の「特別壇」はいかが

驚くべき価格のところができているとの情報を得て、さらに自動搬送式以外の納骨堂を2か所訪ねた。

1か所は、ブランドショップが並ぶ東京・青山の一角に佇む実相寺《じっそうじ》。江戸時代初期の1634年から歴史を刻む臨済宗の寺で、2011年に建て替えられたという建物は、モダンさと寺らしい落ち着きを兼ね備えた外観だ。堂内の納骨堂「青山霊廟」に、「特別壇」と称する、なんと600万円の仏壇型のお墓があった。

「東京のお墓の最高峰とされる青山霊園（1・6平方メートル、437万600

0円～4平方メートル、1094万円＝2016年度）と肩を並べる高額ですね」

と、開口一番つい言ってしまった。

「600万円の価値は見ていただければ、分かっていただけると思いますよ」

実相寺青山霊廟の「特別壇」（実相寺青山霊廟提供）

青山霊廟の販売を担当するせいざん株式会社社長の岩田貴智《たかとも》さんに、やんわりとたしなめられ、とにもかくにもエレベーターで3階に上がり、見せてもらう。本堂の建て替え時に設置されたという50平方メートルほどの納骨堂は、荘厳でもあり、明るくもあった。

代々木の立正寺で、初めて「動かないお墓」が並ぶ納骨堂に入り、凛とした空気に気圧されたが、堂内全体を見守るという薬師如来が鎮座し、ここも引けをとらない。一方で明るく感じたのは、春の彼岸から幾日も経たないその日、供花が多かったためと、ロッカー壇の表面一面に桜やもみじの絵がカラフルに描かれていたためだろう。

そのような中、堂々たる姿を見せる「仏壇」に、ひきつけられた。それが600万円（管理志納金1万5000円）の「特別壇」だった。幅は62センチ。人ひとりが立つといっぱいの横幅だが、高さは2メートル近くある。

「木製部分は、天然漆をしのぐ高品質を誇り、日本の美の工芸品に使用されるのと同じカシュー塗りなんです。須弥壇《しゅみだん》に、すべて手彫りの薬師如来様が安置されていますでしょう？」と岩田さんが言う。

すべてに高級素材が使われ、伝統的な技巧が凝らされているのだ。ガラスの扉を開け、須弥壇と呼ばれる内部に目を凝らす。

須弥壇は、金箔があしらわれた豪華なお社があるような造りで、中央に小型の薬師如来が柔和なお顔で鎮座していらっしゃる。上部は立派な格天井《ごうてんじょう》。両脇の円い柱は、白檀《びゃくだん》塗りの蒔絵《まきえ》仕上げだそうだ。屋根の部分には精緻な意匠の破風《はふ》が設えられ、仏壇というより、それぞれ〝小さな寺〟と言ってもいいのではないか、と思う。

「お飾りもお供えも自由」とのことで、数人分の位牌と遺影、ウイスキーのミニチュアボトルや菓子類が置かれているところもある。そして下部は、表面を曲面に加工したというしゃれた御影石だ。その中に「数に制限なく、納骨していただけます」との納骨スペースが用意されていた。ここでは、期間の限定がなく、永代にわたって使用できるという。

「自動搬送式の納骨堂は、お参りに行く方にとってはきれいな場所でいいでしょうが、中にお入りになっているご先祖の気持ちを考えると、この方式がベストだと思います。自動搬送式ではご先祖がほとんどの時間を暗い保管庫で過ごさなければならないのに対し、ここなら常に明るい場所にいることができます」

岩田さんが笑顔でそう話した。反射的に「なるほど」と答えた後、お参りする人にとって、骨をメンタル面で故人そのものとする発想だと思った。人は気持ち的に何に向かって手を合わせるのだろうと、頭がこんがらがる。

「『特別壇』はすでに、全6基のうち4基が売れ、好評です。特別壇と調度が異なる『家族壇』15基は完売しました。その両方を4階に増設したばかりです」

特別壇と、通路を挟んだ向かい側に並んでいるのが、300万円の「家族壇」（管理志納金1万2000円）だ。背の高さは特別壇と同じだが、幅が約半分。下部の遺骨収納場所の扉に、薄ピンクの蓮の花と緑の葉や茎が描かれている。300万円だって、一般的な外墓以上の価格だ。外墓に比べて安いことを理由に室内のお墓を選ぶのではない層が、しっかりいるのだと改めて認識せざるを得ない。

「仏壇型を求め、家に仏壇を置く必要がなくなったと、先祖を拝む場所を一本化した方もいらっしゃいますよ」（岩田さん）

取材時、お参りに来ていた楠本敏夫さん（60歳）は、3年前に父が他界した後、家族壇を買った。もとは都内の別の寺の檀家で、境内地にお墓もあったが、「お葬式の日に、住職も副住職も都合が悪いとかで、見ず知らずのお坊さんが派遣され、寺と派遣のお坊さんの両方に高額のお布施を払わされた」ことを発端に離檀に踏み切り、知人に紹介されたここを「とても気に入った」と言う。

「元のお墓は相当古びていましたので、修理に費用をかけることを思えば、300万円は高くなかった。ここは、今後のメンテナンスがまったく要らないし、清潔だし、いい不動産を買えたような感覚です」

特別壇、家族壇の他に、小型の「親子壇」が200万円（管理志納金1万円）。ロッカー型の32センチ×33センチ×52センチの「夫婦壇」が100万円〜（同6000円）、奥行きがその半分の「個人壇」が50万円〜（同4000円）。

ロッカー型も、少しなら写真など故人ゆかりのグッズを入れられるものの、大きさから考えると決して安くはない。とはいえ、岩田さんに「お父様を亡くして個人壇を求められた娘さんが、お参りに来るたびにお骨を抱きしめられている」「40代の奥さんが亡くなって、夫婦壇を求められ、中に、生前の写真をそれはそれはたくさんの枚数を入れている方もいらっしゃる」と聞き、気づいた。利用者の中には、他人に思い測れない大きな悲しみや、やり場のない思いを抱えている人もいる。岩田さんが例に挙げたこうした行為は、外墓や自動搬送式では不可能で、室内の「動かないお墓」だからこそできる、と。

さらに堂内には、遺骨の一部を小さな壺に入れて安置する、位牌の形をした「位牌壇」（24万円〜、管理志納金不要）もあり、「故人の希望で散骨をしたが、手を合わせる場所が欲しい」と求める向きが少なからずいるとも聞いた。

48万円のアナログ参拝室

一方、新宿区早稲田に、家族用で48万円と、めっぽう安い「動かないお墓」を見つけた。安価すぎて、怪しくはないか。ひねくれた見方をして、行ってみた。

やはり近年、改築したであろう4階建て。真宗大谷派の龍善寺という寺だ。

「東京には、江戸のまちづくりに伴って創建された寺が多いんですよ。うちもそうで、江戸時代の初め、1638年の創建です」

14世住職という平松浄心《じょうしん》さん（58歳）が迎えてくれた。戦後すぐの建造だった木造の本堂が、地層の関係で傾いてきて危険となり、２００６年に建て替えた。その際に、独自の発想で堂内納骨堂を設けたのだそうだ。その2年前、境内に永代供養墓を新設していたともいう。順序立てて、説明をお願いする。

「近隣にワンルームマンションが多く、住んでいる単身の人たちの多くは、跡継ぎがいない。永代供養墓の需要は多いだろうと考えたのです」

家単位、あるいは個人単位のお墓ではなく、後継者がいない人たちの遺骨を合葬するのが永代供養墓だ。最近多くの寺に設けられているが、そのパイオニアなのである。「分骨3万円、一般合葬型28万円」などに設定し、ホームページに載せると、近隣ばかりか北海道など遠方からも問い合わせがひっきりなしに入り、驚いたという。

「私は寺を継ぐ前、40歳まで銀行員だったので、寺を一般の人たちの目線で見ることができます。私自身がこういうのがあったらいいなという形を実現しました」

と平松さんが言う。

自動搬送式の業者から営業が相次いだが、目もくれなかったのは、経営面での疑心と「なぜお参りのたびに遺骨を運んでくる必要があるのか」という疑問。「遺骨に向かって手を合わせても意味がない」との考えだという。

「お墓は、亡くなった方のためのものではなく、お参りに来る方のものなのです。亡くなった方から『いのち』の意味を教えてもらう場だと思うんです。ひいては限りある『いのち』を、どうしたら精一杯生きることができるかと考える場。ですから、室内のメリットを生かして、そういうことが最大にできるお墓をつくったわけです」

「早稲田墓陵」と名づけられた納骨堂が地下にあった。地下といっても、薄いベージュの床の広々とした明るいフロアだ。自動搬送式の参拝ブースに似た、しかし私がこれまでに取材したどのブースよりも広い個室の参拝室が、8室並んでいた。アナログ方式だ。受付で、係の人に故人の名前を伝えると、案内される。

参拝室はシンプルだった。墓石はない。台の上に、阿弥陀如来の立像があり、その手前に花立《はなたて》と焼香台がある。持ってきた花を供え、焼香し、阿弥陀如来に手を合わせる方式だ。壁面の左右に大型モニターが設置されていて、法名や遺影、思い出の写真、画像などが存分に表示される。この空間で、「故人からたくさんのメッセージを受け取る」という仕組みである。手向けた花は、参拝後、ロビーにある集合の花立に生ける。

「遺骨を持ってきてほしいという方には、納骨室の棚から係の者が出してきて、手でお運びします」

納骨室は、参拝室の向こう側にあるという。

「もっとも、お申し付けになる方は、まれです」と聞き、私は衝撃を受けた。自動搬送式の納骨堂では、共用の墓石に、コンピュータ制御によってベルトコンベアで運ばれてきた厨子がセットされるシステムが〝売り〟だ。厨子の中の遺骨に向かって手を合わせるわけだ。

先ほど「なぜ、お参りのたびに遺骨を運んでくる必要があるのか」「遺骨に向かって手を合わせても意味がない」と聞いたとき、挑発的な言だと思ったのだが、目からうろこが落ちる気もした。いや、私は自動搬送式がよくないと言いたいのではない。コンピュータ制御も、ベルトコンベアもいい。ただ、それらが「遺骨に向かって手を合わせる」を最重要視したものだったと気づかされたのが衝撃だったのだ。

アナログ方式のここは、家族用（入る限り何人でも可。通常3人ほど可。年間管理費9800円〜。入りきらない分は、永代供養墓に分骨する方式）で48万円ぽっきり。自動搬送式の納骨堂のざっと半額だということにも驚いた。ということは、自動搬送式のお墓の半額は「機械代」だったのかと思った。

このシステムは、平松さん自身が考案したオリジナルで、販売も業者を通さず、直属の僧侶5人で行っている。利用者は2000人を超える。「青春の思い出の地に眠る」を選んだ早稲田大学の卒業生も結構いるそうだ。

「安いから、怪しいだろうと先入観を持って見学に来る方、結構おられますよ」と平松住職が笑う。私もそうだった。

取材を終えた後、ロビーで休憩していたら、「実は、私も去年『家族用』を買ったんですよ」と、女性職員が声をかけてくれた。

矢野ゆりかさん（54歳）。一昨年、10歳上の夫に「ステージⅣ」のがんが見つかり、1年半の闘病の末、昨年亡くなったという。

「私は信心深くないですが、寺という環境に勤めているおかげで、主人が余命宣告を受けたとき『じたばたしても仕方ないじゃん。どのみち、いずれみんな死んでいくんだから』みたいな気持ちでいられたんです」

夫が「積極治療をしない」と決めたときも、「主人らしい」と受け入れられた。そんな心持ちもぽつりぽつりと話してくれた。

「うまく言えませんが、『主人は今も（心の中に）生きているから、亡くなったけどいいんです』と思えるのは、このお墓にしたからだと思います」

一緒に参拝ブースに行った。モニター画面に、恋人同士だったときから、結婚式、新婚、子育て中、ふたりでの旅行など、共に歩いた折々の写真が20枚以上も映し出された。最後の1枚は、レストランで親子3人で。

「これね、最後の入院の日。病院に行く途中、『ご飯食べて行こうか』って……」

矢野さんの声は少しだけ弾んでいるように聞こえた。思い出の写真は、家でも見ることができるだろうが、夫が眠る寺の阿弥陀如来が見守る空間で見るのは感情が違うのか。ここには大きな悲しみを癒すなにがしかの空気感があるのか。

自動搬送式の新宿瑠璃光院で「外のお墓では竿石に向かって手を合わせるが、ここでは故人様（物理的には遺骨）に向かって手を合わせられる」と聞き、仏壇型の実相寺で「自動搬送式では、ご先祖（同じく遺骨）がほとんどの時間を暗い保管庫で過ごさなければならないが、ここなら常に明るい場所にいられる」、アナログ式参拝ブースの龍善寺で「遺骨に向かって手を合わせても意味がない」と聞いた。3つの主張とも、耳にしたときは、場の雰囲気に呑まれて「言い得ている」と私は思った。

しかし、時間を置いて冷静になると、遺骨を「魂」ととらえるのか「モノ」ととらえるのか、その微妙さに行き当たり、「お墓って誰のためのものだろう」「何に向かって手を合わせるためにお参りするのだろう」と考えてしまう。

図らずも、お墓の根っこの部分に突き当たったのだが、おそらくそのようなことには大方おかまいなしに、室内の「動かない納骨堂」もまたさまざまな姿となって、増えている。

関東と関西にある室内の「動かない納骨堂」の情報を提供する、納骨堂サポートセンターの池邊《いけべ》文香《あやか》さんはこう話す。

「自動搬送式の納骨堂がタワーマンションなら、『動かない納骨堂』は低層マンションでしょう。前者の多くが5000基から1万基を擁しますが、後者は何百基のところが多いですから。『動かない納骨堂』を買った人からは、『墓石はないのに、従来のお墓のイメージとかけ離れていない』という感想をよく聞きます。お墓探しは家探しと一緒。実際に足を運んで、しっくりくる感覚を大切に選んでくださいとご案内しています」

「永代供養墓」の仕組み

「動くお墓」「動かないお墓」とも、特徴的な納骨堂を回ってきたが、どの寺にも「永代供養墓」なるものが併設されていた。当初、意味が分からなかった。

「合祀墓」「合葬墓」「合同墓」など、寺によって呼び方はまちまちだ。大きな岩がその墓標で、裏側や下部のスペースに遺骨をバラで入れるスペース(カロート)があると案内されることが多かったが、「ここです」と示された場所に仏様が安置されていて、首をかしげたこともあった。仏様の足元の床下にカロートがあり、骨壺か袋に入れた遺骨を入れる。仏様に見守られる形だということだった。

多くの寺で、こう説明された。

「室内墓を契約いただくと、永代供養墓もご利用いただけます。万が一のときも安心です」

一家に遺骨が増えて、使用しているお墓が満杯になったときや、改葬で何人もの遺骨を持ってきたが入りきらないときなどに、「古い遺骨」を永代供養墓に入れるケースが多いという。お墓の管理料の支払いが滞り、そのお墓を取り壊すことになったときにも、寺によって遺骨が永代供養墓に移されるらしい。つまるところ、言葉は悪いが「不要になった骨を引き受けます」というところだと理解していいのだろうか。

終活の雑誌などによると、永代供養墓とは「寺が続く限り、永代にわたって供養されるお墓」のことらしいが、「納骨堂」「合葬墓」などと併記されているから、こんがらがる。よくよく調べて「永代供養墓は契約上の概念であって、形を表すものではない」と分かった。つまり、寺と使用者が「永代にわたる供養」の契約を結ぶお墓のことだ。そのため、形や大きさが普通のお墓と変わらないものも、大がかりなものもある。さらに、樹木葬の形式のものもあり、そのスタイルはさまざまなのである。

「わざわざアピールしませんが、心ある寺には、檀家が墓を継ぐ代が途絶えた際に、その家の墓から遺骨を移して合葬する墓が昔からあった。言い変えれば『居場所のなくなったかわいそうな遺骨』を捨てずに救済する場所。収益性ゼロなので、寺にとっては、ありがたいものではない」と東海地方に住む僧侶は辛口だった。昔からある、そのタイプのものは「総廟《そうびょう》」「無縁墓」「三界萬霊塔《さんかいばんれいとう》」などとも呼ばれてきたらしい。近年増えた永代供養墓は、その進化系だとの声も聞くが、「収益性ゼロ」のお墓がこぞって建てられるわけはない。

取材した中で心にとまったのは、龍善寺（新宿区）の永代供養墓だ。再訪した。先述したように、「近隣に住む単身の人たちの多くは、後継ぎがいない。需要が多いはず」と住職の平松浄心さんがいち早く着眼し、２００４年に建立された。

普通のお墓が並ぶ境内の一隅に立つが、一見したときはちょっととまどった。何よりの特徴は、まるで現代アートのようなモニュメントなことだ。参拝スペースはモノトーンで、ゆるやかな曲線を帯びている。幅約3メートル、高さ2メートルほどの黒御影石2つがシンメトリーに、壁のように立つ。中央の隙間から、6段の階段を経て、高さ4メートル以上ある白いドーム状の塔を覗ける。公園を背にした立地のため、贅沢にも緑の木々が借景である。

訪れた日は、水差しに数セットの花束が立てかけられ、お線香の香りがした。

「手前の参拝スペースが現世、6段の階段が六道輪廻《りくどうりんね》、奥の白い塔が来世を表しています。来世の極楽浄土の世界でご遺骨をお預かりするイメージです」と、自らデザインを構想したという平松住職が言う。

カロートは塔の中に広がる。地上部分には棚が設けられて骨壺ごと、地下部分は遺骨をバラで合葬するスペースだそうだ。参拝口に「いのち」を表すという球体のオブジェがあり、そこに水をかけると、合葬スペースへと流れ込む。床は土なので、遺骨が土に還ることを促す仕組みだそうだ。都会の真ん中で、やがて土に還れるとは、想像の外だった。

「どのようにしたら、私自身がこの永代供養墓を大切なお墓だと思っておつとめできるかと考え、この形になりました」

お坊さんだって人間だ。モチベーションを上げておつとめするには、モニュメントとして美しく、合理性がある方がいいという意味だろうが、「16年前に他界した先代住職、50年前に他界した先々代住職のお墓でもあるんです」とも聞き、びっくりした。ましてや「私も死んだら、ここに入ります」ともおっしゃる。それなら、寺にとって最も大切な場所ではないか。使用価格は、骨壺ごと収納して33年後に合葬スペースに移すなら33万円、最初から合葬スペースに収納するなら28万円、分骨が3万円（いずれも年間管理費不要）など。

利用者は当初、「お墓がないため、家で遺骨を保管していた」という人たちが主流だった。ところが徐々に、継承者がいない人はもとより、継承者となり得る子どもがいても敢えて選ぶ人、家墓から夫婦の遺骨だけを取り出してきてここに収めることを希望する人たちに多様化したそうだ。先代、先々代の住職も眠るお墓だと認知されていったことも一役買っているに違いない。

キャパシティーは、骨壺での収納スペースが約1000人分だが、契約者数は最初の3年でその約半数に達し、今は800人に増えている。地下の合葬スペースもずいぶん広く、すでに大勢の遺骨が入っているが、「今後100年くらいは大丈夫」という。

取材中、「去年、大往生した鹿児島の母を分骨した」という男性（70代）の一家と妹さんが、お参りに来た。

「鹿児島のお墓は弟が守ってくれています。でも、私はせいぜい年に1度くらいしか行けないから、東京でも手を合わせられるところが欲しかったので、分骨したんです。3万円は手軽だった」。月命日に、欠かさずお参りに来ているとのことだった。

龍善寺の室内納骨堂の利用者は無料で永代供養墓を使用できるため、改葬に際し、「古い遺骨」をここに移す向きも多い。その人たちは室内墓にお参りに来るたびに、ここにも参る。そのため、参拝口が5か所もある。花も線香の香りも絶えないのだという。

参拝スペースの背後の壁に設置されたプレートに、先代、先々代の住職名に続き、ここに眠る人たちの名前が、法名または俗名で五十音順にずらりと記されているが、私の目には、故人ひとりひとりが「私はここにいますよ」と語っているかのように映る。

「近頃、結婚した娘さんたちが、『実家の両親と一緒にここに入る』と生前契約をされるケースが増えてきました」（平松住職）

永代供養墓からイメージしがちな「居場所のなくなった、かわいそうな遺骨」のための場所とは、ずいぶん違いますね——そう言うと、大きくうなずいた平松住職から、こんな言葉が返ってきた。

「生前は当寺にご縁のなかった方々も、この永代供養墓でみんな一緒になる。先代住職、先々代住職とも、皆同じ仏様です。上下関係などないお墓なんですよ」

イエに関係なく、事実婚、姉妹、友人、恋人同士でも

永代供養墓は、都市部に限った需要かと思ったが、そうではなかった。

新潟の市街地から南西へ25キロほどの海辺の小さな町に、全国に先駆け

1989年に風変わりな永代供養墓を設けて以来、人気を集め続けている寺がある。

新潟駅から3両編成の電車がゴトゴトと走るJR越後線に乗ること20分。内野駅で降り、タクシーを使う。「妙光寺へ」と告げると、「あなたもお墓の見学ですか？　妙光寺に（お客を）送るのが多いんです」と運転手さんが笑った。

20分ほどで、松の木々が風流に枝を伸ばす広い境内に入る。円錐形の造形物がちらちら見えてきた。「安穏廟《あんのんびょう》」という名のお墓群だった。

迎えてくれた妙光寺住職（現在は院首《いんじゅ》）の小川英爾《えいじ》さん（64歳）に、さっそく案内してもらう。

妙光寺は1313年創建の日蓮宗の古刹。境内は5000坪もある。森の中へと進むと、ウグイスの鳴き声が聞こえた。芝生に敷石された広々とした広場に、直径約2メートル・八角形の墳墓30基が並んでいた。形がなんともユニークだ。外側を、個別に仕切られた8つのカロートが囲んでいる。それが、最も新しく設けられたお墓だった。すでに、空きが5区画のみになっているという（その後、

40区画増設）。まず、価格が気になる。

「カロート1区画に、骨壺なら3体、布袋等なら10体程度入り、何体入れても85万円です」と小川住職。

地方とはいえ安い。

〈人生・万歳!!〉

〈明るく美しく　永遠の道に臥す〉

〈セ・ラ・ヴィ〉

〈向日葵のように〉

〈後の世も二人静かにこの里で〉

墓碑板に彫られた言葉に、個性的なものが多い。

少し歩くと、数多くのカロートが取り巻く、直径20メートル弱の円墳が4つ、見えてきた。初代のもので、カロートの数は108だという。丸みを帯びて剪定された低木がびっしり植わり、てっぺんに宝塔が立つ。こちらもユニークだが、経年によって木々がどっしりと根を下ろし、カロートの表面の石も落ち着いた色味を帯びている。ひとしおの風格だ——と見入りつつ、肝心の質問をする。

「永代供養墓はどちらにありますか」

小川住職が指差したのは、目の前にある、円墳の中央部。円墳そのものが永代供養墓で、カロートが永代供養墓を囲んでいたのだ。

個別のお墓が取り巻く中心に永代供養墓が立つ
（新潟県・妙光寺の安穏廟）

「個別のお墓の年会費3500円が納入されなくなってから13年後に、永代供養墓に合葬します」と小川住職が言う。

「13年後」に耳を疑ったが、聞き違えではなかった。これまで取材したところは一様に「3年後」だった。

「晩年に結婚され、『夫と一緒に暮らせる月日が短いから、死んでからもしばらくは一緒にいたい』とおっしゃる女性がおられたんです。その方の声に応えたいと、13年間に設定しました」

胸がつまることをおっしゃる。「合葬の後も〝お墓仲間〟に囲まれた状態になるので、寂しくないでしょう？」と情緒的な言葉が続いた。妙だが、私も埋葬される故人の気持ちになってみる。墓地にやってきて、少なくとも13年間でこの環境に慣れ〝ご近所さん〟とも袖すり合う。その後に永代供養墓に居を移し、永遠に住まう。ということは、この環境を享受し続け、ご近所さんともずっとご近所さんであり続けるということ——。

いいな、と感じる半面、「遺骨に意思はないよな」と身も蓋もない思いもよぎる。もっとも、故人が身近な人であればあるほど「あの世でも幸せに暮らして」と思うけれども。

墓地を一巡した後、小川住職はにこやかな面持ちで、こう言った。

「最大の特徴は、事実婚、姉妹、友人、恋人同士などで一緒に入れ、継承していただけることです。イエに縛られないお墓なんですね」

初めて見る形やスタイルに目を奪われ、つい余計な理屈までこねてしまったが、ここ安穏廟の本質は「イエに縛られない」にあったのか。ゆっくり話を聞かせてもらった。

——安穏廟を造るきっかけは何だったんでしょうか。

「直接的には、ある初老の姉妹から相談を受けたことです。お姉さんは独身で、妹さんは離婚して子どももがいない。ふたりともお兄さんが継いでいる実家のお墓には入りづらいとおっしゃり、『私たちは無縁になるしかないのでしょうか』と涙ぐまれました。返答に困ったんです」

——同様の悩みを抱えている人は、多いでしょうね。

「ええ。私も『あ、自分も同じじゃないか』と思ったんです。うちも娘1人ですから、他人事じゃない。そこで、イエに関係なく、血縁を超えて入れるお墓を造ればいいじゃないかとひらめきました」

——斬新なひらめきです。

「それ以前に、宗門の調査で、過疎地の寺を見て回ったことがあったんです。無住寺（住職のいない寺）の檀家さんに『宗門から住職を派遣できますよ』と進言すると、『住職の生活を支えるお金を出さないといけなくなるから、要らない』とおっしゃる。そんなこともあって、家を単位にする従来の制度はやがて立ち行かなくなると、80年代から痛感していたことがベースにあり、当寺では檀家制度と墓を切り離して『イエに縛られないお墓』を造り、経済的自立を図ろうと思ったんですね」

——具体的には？

「檀徒に寄付を頼まず、魅力的なお墓を造って、収益を基金にし、その利子で墓を維持管理し、寺の運営を補助する。『超宗派の会員制』とし、会計報告をする、などです。継承者がいない人も入り、寺が永代に供養する墓は、社会に絶対必要だと自信を持って予想しました」

その予想は的中し、受付を開始するや否や注目を集めた。１期目の１０８区画が4年足らずで完売し、2期目を建てる……と堅実に進展させ、28年経った今、約８００区画が既売だという。新潟県内の人が9割だが、1割は他県から。北海道や関西の人もいる。購入理由のアンケートでは、「子どもが娘だけ」「趣旨に賛同して」が24％で最多だが、「シングル」「夫、夫の家の墓と別を希望」「離婚」など「イエに縛られない」に通底する回答も多いらしい。

小川住職は言う。

「長い目で見れば、個別の区画に入った皆さん全員がやがては永代供養墓に入り、縁ができるのです。ですから、安穏廟は単に墓地、墓石を提供するところではなく、人の縁を新たに結び、生きているうちから穏やかに暮らすことを考える場です。年4回の合同供養祭はもとより交流パーティーやコンサート、講演会などさまざまなイベントを境内で開催し、毎年300人以上の檀信徒が集まります」

言い換えれば、永代供養墓を「まんなか」に据えた生き方を緩やかに提唱しておられるのだ。龍善寺の平松住職が言った「上下関係などないお墓」という言葉とも重なる。

「檀家」は法的に死語

ところで、縷々《るる》聞いてきて、「檀家」って何なのだろうと改めて思った。小川住職は「檀家制度と墓を切り離した」と言ったし、「檀信徒」という言葉を使う。どういうことですか、と問う。

「1952年施行の宗教法人法には『信者』、伝統教団の公式文書には『檀徒』『信徒』と記され、とっくに檀家という言葉が消えています。よって、家を単位とする檀家制度は過去のもので、信仰は個人単位でなければならないんですよ。僧侶にも、その認識がない人が多く、今さら『檀家制度が崩壊してきた』などと言っているの、笑っちゃいます」

仰天した。「檀家」は法的に死語だったとは。目を白黒させたであろう私に、小川住職が順序立てて、お墓をからめて教示してくれた。

檀家制度は江戸時代につくられた住民統治のための制度で、宗教的意味はない。

制度上は1871（明治4）年の戸籍制度で崩壊したが、明治民法による家制度の法制化で、むしろ強固になった。祭祀（神や先祖を祀ること）相続と財産相続をセットにした家督相続（長男子の単独相続）が規定されたからだ。墓は、天皇制の根幹を支える「家」を強固にするためのシンボルになった。戦後の新民法でそうした家制度がなくなったにもかかわらず、人々の「ご先祖様意識」が変わらないのをいいことに、寺があぐらをかいてきた。結果、檀家制度が残り火を灯し、いまだに「長男が墓を継ぐ」が当然のようになっている。法的根拠は何もない――。「戦後教育を受けた世代がものを言うようになって、やっと『女性がなぜ婚家の墓に入らないといけないのか』といった問題意識が出てきたのが、安穏廟を造り始めた1989年頃でしょうか。以後、安穏廟も家制度への問題意識を携えて28年間歩んできました」

実は、私は一連のお墓の取材で「跡継ぎ」「本家・分家」という言葉を耳にするたび、むずむずしていたのだが、図らずも小川住職の話を聞いて、むずむずの正体が分かった。

新潟から戻って、さっそく「宗教法人法」を調べる。

信教の自由を尊重することを目的に、宗教団体に法人格を与える法律で、10章から成っている。第1章総則からいくつか挙げると――。

〈この法律は、宗教団体が、礼拝の施設その他の財産を所有し、これを維持運用し、その他その目的達成のための業務及び事業を運営することに資するため、宗教団体に法律上の能力を与えることを目的とする。（第1条）

憲法で保障された信教の自由は、すべての国政において尊重されなければならない。従つて、この法律のいかなる規定も、個人、集団又は団体が、その保障された自由に基いて、教義をひろめ、儀式行事を行い、その他宗教上の行為を行うことを制限するものと解釈してはならない。（同2）

宗教団体は、この法律により、法人となることができる。（第4条）〉

小川住職の言うとおりだった。全10章の中に、「信者」が11回出てきたが、「檀家」は一切出てこなかった。信者は、「信徒」「檀徒」などの呼称（宗派によりまちまち）と同義。信教の単位が「家」ではなく「個人」だということだ。

関連して、続いて文化庁のホームページから、「宗教年鑑」（2017年版）をダウンロードした。統計に次のものがあった。

・社寺教会等単位宗教法人数／総数18万1098法人、神道系8万4860法人（46・9％）、仏教系7万7168法人（42・6％）、キリスト教系4690法人（2・6％）、諸教1万4380法人（7・9％）

・信者数／総数1億8226万6404人、神道系8473万9699人、仏教系8770万2069人、キリスト教系191万4196人、諸教791万440人

ここにも「檀家」の単位はなかった。「信者」として個人単位で、統計が取られている。編集・発行元の文化庁文化部宗務課に問い合わせた。

「宗教法人法に則り、信者数は個人単位で宗教統計調査を行い、集計しています。『檀家』の概念はありません」と担当者がはっきりと言った。

「宗教年鑑」は、毎年、宗務課から全国の宗教法人に文書を送り、得た回答を集計している。そのため、教師数、信者数なども、その宗教法人が回答した数字そのままで、その実態には踏み込んでいない。そう説明の上、担当者は宗教法人法についてやわらかい言葉を使ってこう教えてくれた。

「戦前は、国家主義的な方針に則り昭和14（1939）年に制定された『宗教団体法』によって、宗教団体は当時の文部省宗教局長による認可制でした。戦後GHQが、その宗教団体法の廃止を命じ、急いで『宗教法人令』ができて届出制に変わったんです。これが6年間運用され、昭和26（1951）年にようやく宗教法人法が制定されたんですね。6年もかかっている。宗教の聖と俗の部分を分離し、俗の部分にかかわるものについて定められました」

いずれにせよ「檀家」というものは、法的に過去の遺物だと確信を得た。

第４章
樹木葬の人気ぶりと女性専用墓

樹木葬も人気だ。樹木の下で、
やがて土に還るイメージだが、山地のみならず、
町の中にも樹木葬墓地が出現している。
お花見のピクニック？ワンちゃんを連れてお散歩？
そんな楽しげなお墓参りもできるとか。
女性専用の樹木葬墓地も訪ねてみた。

#「なんだか自然っぽい」とイメージ先行

次は、「樹木葬」を訪ねる。「葬」がつくから、葬式と混同しそうになるが、これもお墓の新しい形のひとつだ。

お墓相談の第三者機関「いいお墓　お客様センター」（東京都中央区）のアドバイザー、田中哲平さんは樹木葬をこう説明する。

「広義には、樹木を墓標にするお墓のことですが、家族葬と同じでイメージが先行して人気が出ています。少人数で葬儀を執り行う家族葬は、どういうものかよく分からないまま『なんだか、あたたかそう』と選ぶ人が増えましたが、樹木葬も『なんだか、自然っぽい』というイメージでしょう。定義付けのないまま、さまざまな形態に広がってきました」

そういえば、郊外でも都心でも「樹木葬」と書いた広告看板をよく見かけるようになった。

樹木葬は大きく3タイプに分類できるという。

・里山タイプ＝自然保全を目的に、山林などに樹木を植えて墓標とし、その下に納骨するなど。

・公園タイプ＝都市郊外の霊園などに、芝生状の一画を設け、1本から数本の「シンボルツリー」を植え、その周辺に納骨するなど。

・庭園タイプ＝シンボルツリーや花木を植えてガーデニング風の雰囲気にし、区画の下に納骨するなど。

「遺骨の埋葬方法は、土中に穴を掘って直接、または布の袋に入れてというところのほか、一定期間は骨壺で納め、その後に合葬するところも出てきています。故人の名前を記すプレートの有無、墓誌（俗名、戒名、没日などを刻む石碑）の

有無、手を合わせる方向などを加味して細分すると、ひとくちに樹木葬と言っても100種以上にのぼっています」（田中さん）

いずれももちろん合法。やはり宗教に縛られないところがほとんどで、継承者がいなくても契約できる。イメージの良さに加えて、比較的安価なのも人気の理由だそうだ。

山野草が咲く里山全体が墓地

樹木葬の本家本元はどこだ。

日本で初めて樹木葬を始めたのは、岩手県一関《いちのせき》市の臨済宗・祥雲寺という寺だ。1999年のことだという。樹木葬墓地を管理する祥雲寺の子院・知勝院が宗教法人として認可された2006年以降は知勝院の経営とのことで、そちらへ向かった。

東京から東北新幹線で2時間余り。一ノ関駅で降り、雄大な奥羽山脈・栗駒山を望みながら、タクシーで25分ほどのところにある。走るほどに緑が深まり、知勝院の境内、というか「生きもの浄土の里」と名付けられた里山の中ほどに着いた。目の前に、25メートルプールよりひと回り大きい池が水をたたえており、その背後に雑木林が広がっている。

作務衣姿の先住職・千坂《ちさか》げんぽうさん（72歳）が出てきてくださった。挨拶もそこそこに「樹木葬という言葉の名付け親ですか？」と聞くと、「ええ。商標登録をしなかったので、一般呼称のようになっちゃいましたが」と苦笑いされた。

その日はあいにくの天気だったが、山野草が咲く山内を案内してもらった。

知勝院の本堂の前から、緑に包まれた小道を樹木葬のエリアへと進む。その小道がずいぶん歩きやすいと思ったら、「間伐材のチップを敷いているんです」と千坂さん。自家製ですか、と聞く。

「もちろんです」

すべて「人の手」でこの里山も樹木葬墓地も成り立っているのだと気づく事始

めだった。右に左に、新緑が萌える桜やモミジ、ピンクの花が咲くヤマツツジなどが目に入り、なんと美しい世界なんだろう。

「光が射して、明るいでしょう？　元は細い木が密集している暗い藪《やぶ》だったんですが、間伐し、下草を刈り、落ち葉をかき、もうすぐ20年……」

そう話しながら、千坂さんは折れて地面に落ちた枝をひょいと拾い、「これは外来種だから」と小道にはみだした草を抜く。

緩やかな傾斜を登って行くと、緑地の中に、点々と、縦長の素朴な木札が立っているのが目に入った。それぞれの木札に、黒マジックで番号と名前が手書きされている。もしや埋葬の印ですか？

「ええ。半径1メートルの円がおひとりの区画で、縦長の木札に書いているのは、生前契約され、まだ入っていらっしゃらない方々の名前です」

一方で、ところどころに横長の木札も目にとまる。やはりこれも名前が書かれており、夫婦らしきふたりの名前が並んでいるものもあった。その木札のすぐ後ろには、低木が植わっている。

「埋葬されている方の区画です」

木が墓石の代わり、木札が墓標の代わりなのだ。この里山に自生するウメモドキ、エゾアジサイ、ムラサキシキブなど15種類の低木の花木から、契約者が選び、埋葬のときに植えるそうだ。つまり、小さい木は遺骨が埋葬されてから日が浅く、成長しているところほど、埋葬後の月日が長いということだろう。

しかし、似たり寄ったりの緑地だ。植生の違いも、よほどの専門家でないと不明だろう。木札や墓標木の場所が分からなくならないのだろうか。

「大丈夫です。あれが基準木です」と千坂さんが指差した先に、赤い紐

写真中央の名前が書かれた木札が墓標
（岩手県一関市の知勝院「いきもの浄土の里」）

をまきつけた木があった。数メートルごとに「基準木」を設定し、そこから方角と距離を計測し、区画を台帳に登録しているので、埋葬場所が特定できるそうだ。

「雑草で覆われてしまわないか」とも心配したが、知勝院の9人のスタッフとボランティアで、毎日のように選別的草引きをしているため大丈夫だという。

「お参りのとき、寺務所に声をかけてもらうと、スタッフが道案内もします」と千坂さん。

最近、墓参者が来たのだろう。墓標木、木札の前に真新しい花束が供えられている区画もあった。

「明日、納骨です」という区画に、ブルーシートが掛けられていた。中を覗くと、直径50センチ、深さ1メートルほどの穴が掘られている。骨壺は使わず、遺骨をじかに穴の中に埋葬し、その上部に木を植えるのだという。

契約料は50万円。2体目以降は1体につき10万円で、何体でも可能。年会費は8000円だが、払うのは生前だけで、埋葬後に家族等が払う必要はない。継承者がいない場合も、撤去されることなく、永続的に保護される。

「あと1万人分くらい空いている」

どれほどの期間で、遺骨は土に還るのか。

「5年くらいでしょうか。埋葬して1年足らずで改葬を余儀なくされたケースが1度だけあり、遺骨は半分以下の量になっていましたから。高温焼骨された遺骨はセラミック化して土に戻りにくいそうですが、この地域の土は酸性だから幾分早いのかもしれません」

樹木葬墓地は、自然公園のような雰囲気のエリア、栗駒山を眺望できるエリア、水生生物がいるビオトープ近くのエリアの3種類があり、合計約6万9000平方メートル。広大なスケールだ。全体で約2400人が契約済みだという。当初は過半数が関東圏の人だったが、今は4割ほどが岩手と宮城の人。北海道から沖縄まで、全国の人がいる。すでに納骨されているのは1651人。「まだあと1万人分くらいが空いていますよ」。余裕たっぷりだ。

『花に生まれ変わる仏たち』がキャッチフレーズです。もうすぐニッコウキスゲの黄色い可憐な花が一面に咲きます」

そんな話を聞きながら、散策路を行きつ戻りつしたが、緑のシャワーを存分に楽しめ、鳥たちの大合唱も聞こえた。オタマジャクシが泳ぐ水辺にも足をとめた。墓地というより、快適なハイキングコースを歩いている感覚だ。

樹木葬墓地とその周辺を巡ること、1時間。「リフレッシュさせていただきました」と、へんてこりんな感想を口にした私に、千坂さんはにんまりした。

「それはよかった。ここは、樹木葬のための里山ではなく、里山の自然再生のための樹木葬ですから」

さきほど聞いた「間伐し、下草を刈り、落ち葉をかき、もうすぐ20年」という言葉を思い出したが、今ひとつ意味が分からない。樹木葬を考案された経緯を教えてください――。

「1990年頃から地域づくりの活動をしていた中、全国の丘陵地や里山が墓地開発で破壊されていくのに心を痛めていたんです。豊かな自然を次世代に継承するにはどうすればよいのかと考えていた、ちょうどその頃『葬送の自由をすすめる会』が立ち上がって、海への散骨が始まった。『散骨が自然にいちばん優しい葬送方法』という主張に、いや、違うだろうと。自然を守り、エコ的に土地を利用する手段として、樹木葬のアイディアがひらめいたんです」

かつては土葬が標準だった。東北地方で「死して魂は山に還る」と語られるのも、土葬文化ゆえだ。土葬の延長として、「火葬した骨」を山に埋葬する方法が、民俗学的にも理にかなっている。「樹木を目印に、コンクリートも墓石も使わないエコな墓」をつくりながら自然を守ろう。そう発想したと、千坂さんは言う。

この里地里山は、1994年に「自然体験研修林」として久保川（北上川系・磐井川の支流）流域部分の山林を購入したのを皮切りに、徐々に買い足してきたそうだ。その一部が、行政から認可された樹木葬墓地にあたる。

「檀家の若い仲間たちと一緒に、手作業で藪を切り拓き、間伐し、下草刈りをした翌年、花の群落が現れた」「より広域に保全するため、近隣の農家の所有地の自然再生も引き受けている」「全体を『久保川イーハトーブ世界』と名付けた。

2015年の環境省『重要里地里山』に選ばれた」などなど、里山の自然再生の話は尽きないが、さて、樹木葬に話の舵を戻し、「遠くて、ここまでお参りに来られないという声は聞きませんか」と聞いた。

「いえ、特に」と千坂さん。そもそも「遠い」と思わない人たちが、ここを選ぶのだろう。

「承継者がいない場合は別ですが、夏の盂蘭盆《うらぼん》供養会や秋の合同供養会には300人近く来られますし、個別のお参りも多い方だと思います。お参りに来るたび、泊まり込みで畑仕事をして行かれる方もおられます」

13年前に亡くなった夫が樹木葬墓地に眠る浅井良子さん(74歳、東京都日野市)もそのひとりだ。なんと年に10回もお参りに来ているという。

「というか、草刈りのボランティアをさせていただきに来て、ウラジロヨウラクに挨拶に行くという感じかしら」

ウラジロヨウラクとは、5月末から薄ピンクの花が咲く、夫のお墓の墓標木だ。

「會津八一《あいづやいち》の詩に出てきて、知っていた木だったので、選びました」

9か月闘病した夫は、入院先の仲間から、知勝院の樹木葬の情報を得て、「ここにしてくれ」と言い残して亡くなったそうだ。夫婦とも、東北にはそれまで縁もゆかりもなかったが、浅井さんは初めて納骨に来たとき「柔らかい色合いの風景に魅せられた」と言う。合同供養や、知勝院が開く座禅などの研修に参加し、千坂さんの話を聞くうち、生態系の再生に興味がわいた。草刈りは生まれて初めて。「太陽を浴びて、草の匂いを嗅いで……。ものすごく楽しい時間です」。知勝院の宿泊施設に、数日、泊まり込んで草刈り作業をすることもある。

「転勤族だったせいか、一関を遠いとは全然思わないんです。体力と、交通費を出せる状態が続く限り、伺い続けますよ」

知勝院には、浅井さんのように高い頻度で訪れてはボランティアもする人たちが50人以上いるという。気に入った旅先にリピートする。ご縁のできた宿を常宿にする。共感する支援活動の輪に入る。そんな感覚と似ているような気がした。お墓もその媒介になっているのだ。

お参りは、彼岸や盆より桜の季節に

「自然を再生し、守る」という大命題の手段として樹木葬を考案し、名付け親でもある知勝院先住職・千坂げんぽうさんから、「私の始めた樹木葬とはまったく理念の異なる墓地が、樹木葬墓地と名乗っていることに困惑している」と聞いたが、今、樹木葬はさまざまな形態に広がりを見せている。

次は、東京近郊の樹木葬墓地に足を運んでみる。知勝院の理念に「近い」と感じた「里山タイプ」が、東京都八王子市の「東京里山墓苑」だ。車で向かった。中央道の八王子インターチェンジから20分余り。幹線道路を折れると、農地や雑木林が見えてくる。その先の深い緑に包まれた丘陵地に、別荘のような建物がぽつりと目に入った。「東京里山墓苑」を持つ日蓮宗・延寿院である。

「都心から1時間なのに、『本当に東京?』のような環境でしょう?」

本堂に隣接する、薪ストーブのある休憩室で、墓苑の事務局長・白石亘《しらいしわたる》さんが迎えてくれた。コードレーンのジャケットがお似合いでおしゃれな人だなあと思ったら、もともとはウェブデザイナーだったという。「なぜ、樹木葬を？」と、つい経歴を聞きたくなる。

「最初の入り口は葬儀社でした」と、白石さんは言う。

15年ほど前、寺院や葬儀社のホームページのデザインを手がけていたが、消費者目線のホームページをつくりたいと思っても、当時は「葬儀料金は提示できない」が不文律で、疑問を持った。それをきっかけに、料金の明示化を大手葬儀社の社長に提案し、転職した。葬儀社社員として、葬儀の現場と企画室業務を兼任し、生前契約、エンディングノートなどを提案していく中、海洋散骨や樹木葬の存在を知ったのだという。

海洋散骨は各地の港から散骨を行う船の手配などをシステム化し、事業化した。「小さなお子さんが亡くなり、東京ディズニーランドに連れて行ってあげられなかったからと、ディズニーランド近くの海に散骨されたご家族」がいたことが忘れられないと言う。「故人の記念に」と、東京都が実施していた「マイ・ツリー（寄付で都内の街路樹を植える事業）」を葬儀社から遺族にプレゼントする企画も打ち出し、好評を得たそうだ。

「お墓にもっと選択肢があってもいいんじゃないかと思うようになったんですね。家族でお花見のピクニックに行けるようなお墓とか」

葬儀社を辞め、森林ボランティアなどの活動をし、樹木葬実現への道を模索していたとき、偶然にも同じ思いを持つ、ここ延寿院の住職（51歳）と知り合った。延寿院は、手付かずの1ヘクタールの里山を所有していた。

「2012年に、住職と一緒にNPOを立ち上げました」

NPO法人の名を「ロータスプロジェクト」という。コンセプトは「寺を地域に開かれた交流の場に」。住職が執事長を兼務する新宿の大きな寺でフリーマーケットを開いたり、農業体験会を開催したりすると共に、里山保全と樹木葬に取り組むことになった——。

「アズマザサが繁茂し、ヒノキやクヌギの木々が密集していた里山を切り拓きました。木々の間に隠れて見えなかったヤマツツジが姿を現し、絶滅危惧類のキンラン、ギンランも咲き……」とは、先般聞いた一関の樹木葬墓地の歩みと瓜ふたつだ。だが、ここはNPOの運営。「違いは宗教色をできるだけ排除していること」と白石さんは言う。

シンボルツリーの桜の木々の足元に埋葬
（東京里山墓苑）

2011年に利用が始まった樹木葬墓地は、建物の裏手にあった。数本のソメイヨシノと1本のシダレザクラが植わった約20〜30メートル四方の広場2つが、低い木と縄のフェンスで囲まれている。

「故人ひとりに1本ずつ植えるのではなく、大きな桜の木々をシンボルツリーとして、その足元に埋葬する形です」

地面に60センチ×80センチの升目

に縄が這っていて、それが1区画なのである。ところどころに、5センチほどの木柱が置かれている。

「木柱を倒して置いているのは仮契約、下部を埋めているのは契約済みの区画。希望されると、木柱にお名前を書きます」と白石さんが説明してくれる。

よく見れば、地面に5センチほどの擬宝珠《ぎぼし》のような木の突起物も点在する。

「骨壺の上の部分です」

遺骨は粉にして、スギ材で作ったオリジナルの骨壺に入れて埋葬する。蓋が五輪塔を模した形で、五輪塔の上の擬宝珠風の部分が土の上に出るそうだ。「土に還るには、骨を直接埋葬する方が早いでしょうが、故人へのリスペクトを込めて骨壺に入れることにしました。スギ材の骨壺ごと、おそらく5年から10年で土に還ります」。

埋葬区画が名前を書いた木柱で確認でき、五輪塔上部の突起で埋葬のピンポイントが正確に特定できる仕組みなのだ。それで、お値段は？

「1区画におひとりなら50万円。おふたりなら65万円です。あと、管理費や粉骨料などに、おひとりなら17万円、おふたりなら12万円ずつをいただきます」

ひとりの場合の基本料金は一関の知勝院と同額だが、あちらは管理費等がかからなかったから、その分だけ高い。契約には、ロータスプロジェクトの会員登録が必要で、年会費5000円（埋葬後は不要）。「墓地を含む里山保全に賛同し、生きているうちに協力し、没後は、生きている人たちに依存しよう」という考え方だという。

450区画あり、当初から広告はまったくしてこなかったが、160人が契約済みだ。インターネット経由での申し込みが多く、7割が東京都西部、3割が23区内などの人。すでに埋葬されているのは80人という。

「納骨の際に住職が『ご挨拶』として読経いたしますが、一周忌や三周忌に法要を頼む方は、全体の2割くらいですね。この樹木葬を求めるのは、宗教観を重んじるよりも森の一部になることを願う人です。お参りも、お彼岸やお盆より桜の季節の方が多く、墓地から続く30分ほどのトレイルコースを歩くのを楽しみに来るご家族もいますよ」

先般取材した都心の「納骨堂」は、「買い物で近くに来たとき」などに、ついでに墓参する人が多かった。対して、樹木葬は山歩きとセットなのかもしれない。

最後に、「仮にNPOがなくなったら、樹木葬墓地はどうなりますか」と聞く。

「心配ありません。墓地そのものは寺の所有なので、継続性が担保されていますから」（白石さん）

「樹林」と「樹木」——都立霊園初の墓地が人気の理由

続いて、「公園タイプ」の都立小平霊園へ行ってみた。都立霊園初の樹木葬的な墓地が2012年にでき、話題になったことが記憶に新しい。初年度は、500体の募集に対して16倍の応募が殺到した。以降も人気を集め続けている。

最寄り駅は、新宿から西武新宿線の急行で約30分の小平駅。線路沿いに歩き、わずか6分で、小平霊園の正門に着いた。ケヤキ並木が続き、公園のような霊園だ。敷地面積は、東京ドーム約14個分にあたる約65万平方メートル。公益財団法人東京都公園協会の霊園課長、戸室《とむろ》光司さんと、小平霊園管理事務所長の八馬《はちうま》稔《みのる》さんが対応してくださった。

「『死後は安らかに自然に還りたい』というニーズにお応えする墓地です。もともと樹林地だった霊園内の一画に設けました。一般的に『樹木葬』と呼んでもらって結構ですが、正確には『樹林型合葬埋蔵施設』略して『樹林墓地』と、『樹木型合葬埋蔵施設』略して『樹木墓地』です」(戸室さん)

お役所用語はややこしい。

両墓地は、正門から歩いて2、3分のところに並んでいた。里山型の樹木葬墓地を2か所見てきたからだろう、ずいぶんイメージが違った。コンパクトであっさりしている、というのが、第一印象だ。50センチほどの高さの石垣の上に広がる、平らな芝生地だった。円形とも四角ともつかぬ形で、樹林墓地は約830平方メートル、樹木墓地は約650平方メートルだそうだ。

樹林墓地には「武蔵野をイメージする」というコブシ、ヤマボウシなど5種類8本の樹木、樹木墓地には、カツラの木が3本立っている。これらを「シンボルツリー」と呼ぶ。献花台と焼香台が用意された参拝所に立つと、一般墓地に林立する木々が背景となり、「コンパクトであっさり」の印象を覆された。

毎年7月から募集申し込みが始まる。昨年度の「申込みのしおり」を見ても、仕組みが今ひとつ分からないので、細かい説明を仰いだ。つまり、こうだ。

・樹林墓地＝樹木の下に、27のカロート（納骨スペース）があり、各カロートにまず約400体の遺骨（遺骨のまま、または粉状遺骨を絹の袋に入れる）を収める。カロートの下は土で、遺骨がいっぱいになると土をかぶせ、その上にまた遺骨袋を並べる。使用料は遺骨のままなら12万3000円、粉状遺骨なら4万1000円。埋蔵予定数は約1万7000体。

・樹木墓地＝カロートはなく、樹林周辺の芝生をはがし、約30センチ四方の穴を掘り、絹袋に収めた遺骨を一体ずつ個別に土の中に埋葬する。使用料は18万3000円。埋蔵予定数は約2880体。

どちらも、合理性に富むスタイルだ。ただし、「夫婦で隣同士に」などと埋蔵の場所を選べないのと、民間霊園と違って、すでに遺骨を持っている人でないと申し込めないのが、難点か。2017年度は、1600体を募集した樹林墓地の倍率は9・4倍だった（2018年度は7・9倍）。だが、300体を募集した樹木墓地は1・7倍（同1・5倍）で、そのハードルは、そう高くないようだ。

都立霊園の一般墓地のように継承者が要らないのも、人気の理由だという。それにしても使用料が安い。一般墓地に比べて「大事にされない」故人が埋葬される率が高いのか――と聞くと、即座に否定された。

「お参りに来る人は、むしろ一般墓地より多いと感じます。毎年、5月4日のみどりの日に、樹林・樹木墓地の『献花式』を行っていますが、今年も約800人

の方々が参列されました」（八馬さん）

訪れたのは平日だった。取材が終わった午後3時から2時間、参拝所に居残ったところ、4組6人の墓参者がやってきた。

世田谷区から来た女性（58歳）は、4年前に亡くなった父が樹木墓地に眠っているという。「姉が『抽選に当たりっこないから』と言いつつ申し込んだら、当たっちゃって。見に来たら、開放感があって素敵で、進歩的だった父にふさわしいと思ったんです」。

できる限り、月命日に墓参しているという。「父は元教員。晩年は傾聴ボランティア活動を熱心にしていたので、大勢がご一緒のこのお墓の中で、またリーダーになって楽しくやっているんじゃないかしら。父がご一緒させてもらっている方々全員に手を合わせていますよ」と、にこやかに話してくれた。

母の日の直前だった。「今日、仕事が急に休みになったので」と赤いカーネーションのアレンジメントを手に、杉並区から来た男性（29歳）は、「還暦前に、急に、だったんです」と3年前に逝った母のことを少し語り、「この春（自分に）

子どもが生まれたんですが、母に見せたかったとか思いますね」。

この墓地は、父が決めた。「たぶん、単に普通のお墓を買うお金がなかったからでしょ」と言う一方で、「手を合わせる気持ちは、普通のお墓でも樹木葬でも変わらないと思います。父と近所に住んでいるのに滅多に会わないんですが、ここではばったり2度も会いました」。

「ガーデニング墓地」は都心の一等地にも郊外にも

外にも都心にも近頃めきめき増えているのが「庭園タイプ」「ガーデニングタイプ」と呼ばれる樹木葬墓地だ。

先駆は、2005年、東京都町田市の「町田いずみ浄苑」内に、エンディングセンター（現在は認定NPO法人）が設けた「桜葬墓地」である。エンディングセンターは、先述した新潟の安穏廟、宮城県一関の知勝院の樹木葬墓地の立ち上げもサポートした社会学博士、井上治代さんが理事長。桜葬墓地は、桜をシンボルツリーとし、遺骨を土中に埋葬する「公園タイプ」だが、今では、雑木林の中、あるいは低木が植わっていたり、バラや四季折々の花に囲まれたりする洋風ガーデンのようなさまざまな樹木葬墓地も設け、絶大な人気を誇っている。

今回訪ねたのは、東京都港区の浄土宗・道往寺。都営浅草線泉岳寺駅近くの坂道に面していて、吹き抜けの地階にある大手葬儀社・公益社の葬儀会館が先に目に入り、その左手に道往寺の入り口があった。塀に「永代供養墓　納骨堂　50万円から」と大きく書かれている。葬儀会館の階上に立つ、スタイリッシュな建物が道往寺で、境内に色とりどりの花が咲く樹木葬の「高輪《たかなわ》庭苑」があった。

「4年前、本堂の建て替えにあたって住職が『聖と俗』の部分を切り離す英断をしたんです」と、販売を担当する株式会社アンカレッジ社長の伊藤照男さんが言う。公益社の葬儀会館は、寺の建物の一部を貸しているもので、いわば「俗」。もうひとつの「俗」がお墓の販売や集客。アンカレッジは住職が出資して設立された。樹木葬墓地の企画、運営は、伊藤さんたちに委《ゆだ》ねられているという。

「女性目線を最大に意識して造った樹木葬墓地なんです。自分の家のお墓がなくても、ワンちゃんを連れてお散歩したい感じでしょう？」

東京都港区の高輪庭苑には花や緑に抱かれた
石のひとり用プレートも

犬の散歩ときたか、とちょっと可笑しい。ここに似合うのは、リボンのひとつもつけた小型犬だなと思う。今が満開とばかり、色とりどりのバラが咲き誇り、足元にはパンジー、レースフラワー、カタバミ……。合計130平方メートルと広くはないし、近隣のビルに囲まれた空間なのに、見事な洋風ガーデニングだ。

花と緑の間に埋め込まれた石のプレートがお墓だった。「なんと小さい」と思ったのが、ひとり用のお墓で、石のプレートは10センチ×5センチ。夫婦用は33センチ×40センチ、家族4人用は33センチ×56センチ。「かなり窮屈そうだけど、こんなにきれいなら、ここに眠りたい人も多いかも」が、正直な感想である。宝物の思い出が、都心にある人はこの「都会の花園」を気に入るような気がした。

カロートが、石プレートの下の地中に設置されている。ひとり用は粉骨を袋に入れ、さらにステンレスの壺に入れる。夫婦用はひとり用と同様あるいは骨壺で、家族用は骨壺で納骨。位置と石の質により、ひとり用が50万円〜（年間護持費不要＝取材当時）、夫婦用が140万円〜（同1万円）、家族用が180万円〜（同1万5000円）。〝費用対面積〟は、高輪という土地柄のため、かなり高い。

「敢えて価格訴求をしていません。マーケティングの結果、『大層な石塔は要らない。花咲く地中に眠りたい』という、半径3キロ以内に住む人たちに照準を合わせていますから。世帯年収800万〜1200万円、64〜70歳がコアゾーンです」

伊藤さんの口から出た「マーケティング」「コアゾーン」という言葉に、違和感を覚えたが、「何を今さら。これまで回ってきたところだって、みんな多かれ少なかれそうだったじゃない。ストレートに言葉にしないだけで」と突っ込む、もうひとりの私もいた。「やっぱり土がいい」と求める向きも多いと伊藤さんは言う。ひとり用を購入した7割が女性だそうだ。しかし、カロートに納骨するということは、樹木葬なのに「土には還れない」ということだろうか。

「いいえ。13年後もしくは33年後に、ご遺骨を合祀墓にお移しします。その合祀墓はこれから建てるのですが、下部を土にします。その中で、土に還れる仕組みです。『自然に還りたい。でも、死んですぐに他の人たちのお骨と一緒になるのは嫌。個別のお参り場所がすぐになくなるのも嫌』という方々、実は多いんです」

伊藤さんは、「もっと言うと」と、内実も教えてくれた。

「寺にとっても、13年後もしくは33年後に、空いた場所を再販でき、サスティナビリティ（持続可能性）がある方法なんですよ。花は順次植え替えますが、メンテナンス費もそうかかりませんし」

「売れ行き順調です？」と呑気な質問をしたら、「2013年の3月から売り出して4年と少しで、ひとり用、夫婦用、家族用など計490基がすべて完売しました。来月には新しい区画の販売を始めます」。脱帽した。

続いて、「新しい区画になるのはここ」と、そのスペースを見せてもらうと、そこは変哲もない空き地だった。もしここに駐輪場を作りますと言われても「ああ、なるほど」と思えるような、ビルの真横。ここでは、空き地があっという間に「女性好みの花いっぱいのガーデニング墓地」に変身するのだ。

諸事情を呑み込む「女性専用のお墓」

樹木葬で、しかも「女性専用のお墓」が3年前にできているという情報をつかんだ。「女性目線でつくったお墓」と「女性専用のお墓」は違う。

NPO法人スノードロップ（埼玉県坂戸市）が、埼玉県鳩山町の真言宗・妙光寺内に3年前に設けた女性専用の共同墓「なでしこ」だ。

まず、購入した人の声から――。

「還暦を迎えたとき、『あ、もうすぐ母が亡くなった年齢だ』と思ったんです。母が突然、肺の病気になって、1年余りの闘病で逝ったのが64歳でしたから。私は今のところ健康そのものですが、いつ何があってもおかしくない年齢だと自覚すると、急に『お墓、どうしよう？』という問いが頭をもたげてきたんですね」

こう話すのは、静岡県に住む峰田恭子さん（64歳）だ。31歳で離婚した。3人の子どもたちと今も近しいが、彼らは元夫の姓を継いでいる。「もし私が自分のお墓を買ったら、子どもたちは、元夫のお墓と私のお墓のふたつを面倒見ていかなければならなくなり、負担だろう」と思ったそうだ。

「それからです。ネットに『生前に買う』『跡継ぎ不要』などの言葉を入れて検索しまくったのは。その条件を満たすのは永代供養墓や共同墓と呼ばれるお墓だと分かりました。県内にも県外にもたくさんありましたが、『温かそうだ』とピンときたのがスノードロップさんの埼玉の樹木葬墓地だったんです」

パンフレットを取り寄せ、3回見に行った。埼玉県に地縁も血縁もない。自宅から新幹線で東京へ出て、さらに2時間近くかかるが、「当時、娘が東京にいたし、ちっとも気にならなかった」。案内してくれたスノードロップのスタッフたちが「お商売じゃなく、志でやってらっしゃる」と感じ、好感度が跳ね上がったそうだ。「決めようとしたとき、樹木葬墓地の隣に、ピンクのかわいいタイルを使った女性用の共同墓がもうすぐ新たにつくられると知って、『そっちにします』と即決。節分を待って、後厄が終わるとすぐに契約しました」

なぜ「女性専用」がよかったのか。

峰田さんは「離婚してるからかな」と答えた後、「いや違う違う」と笑い、「う〜ん」と考え込んでから、こう言った。

「女子校育ちだからかもね。若い頃、幼稚園教諭と保育士をのべ10年ほどしました。定年まで17年勤めた一般企業は、圧倒的に男性が多かった。そっちも楽しく勤めましたが、そういえば、学校も職場も女同士って心地よかった……」

「なでしこ」を見に行った。

最寄りは、関越道の東松山インターチェンジ。八王子の東京里山墓苑は「本当に東京?」と思える景色だったが、ここもすごい。東京の都心から70キロほどなのに、「まんが日本昔ばなし」に出てくるような農村風景が広がり、その中に妙光寺があった。高台の墓地から、雑木林が広がる里山がパノラマの眺めだ。関東では数少ないモミの木も群生し、「熊井の森」と呼ばれているという。

カモミールが咲く中に立つ「スノードロップ」の女性専用墓「なでしこ」。手前は契約者名が刻まれたプレート

「この景色、私も毎日見ていても飽きないです」と、スノードロップ代表の布川《ぬのかわ》智恵子さんが言う。

「なでしこ」の区画には、黄色い芯に白い花びらを付けたカモミールが咲き誇り、優しい香りが漂っていた。

面積は、約4メートル×3・5メートル。中央に立つ墓標は、薄ピンクと白のタイルで囲んだガラスに、なでしこの花びらなどが描かれたモニュメントだ。

「それね、太陽の光が当たると、ガラスの部分がきらきらと輝くんですよ。リッツ・カールトンにも作品を提供されている、大好きなグラスアーティストの野口真里さんに作ってもらったんです。無謀にも『予算これだけしかないんですが、どうしても野口さんにお願いしたいんです』って、頼み込んで」

納骨スペースは、カモミールの間に「白」「星」「虹」などの文字が入った石蓋の下。遺骨は、スタッフやボランティアが手作りするさらしの袋に入れて、埋葬されるそうだ。参拝場所に、約40人の名前が刻まれた石のプレートがある。すでに埋葬されているのは約半数で、生きている契約者たちも名を連ねているのだ。

「なぜ女性専用？　って聞かれても、あったらいいなと思った、としか答えられなくて……」

使用料は、年に2回の合同納骨なら7万6000円、個別の納骨なら8万6000円。他に必要なのは、生前予約料5000円、名前の刻字（希望者のみ）の代金1万2000円だけなので、合計約10万円。これまで取材してきたどの共同墓、永代供養墓より、飛び抜けて安い。

「お墓で経済的に困っている方の一助になりたいと、10年前に共同墓を建墓したのが始まりなので」と布川さん。どういうことだろうか。

「私、30年以上前からお坊さんを葬儀社に紹介する仕事をしていて、関東近郊の約130か寺のご住職とおつきあいがあるんです。13年前、ある葬儀社の人から『2700円しか持っていない生活保護の人の遺骨を預かっている。自分のポケットマネーから1万円出すので、1万円で埋葬してくれるお墓を探して』と頼まれ、力になりたいと思ったのが、お墓に触手を伸ばしたきっかけです」

そのとき、布川さんは、つきあいのある寺を片っ端から回り、なんと500万円もの寄付を集めた。布川さんの長年の仕事ぶりとお人柄があってこそだろうが、「見えない力が応援してくれたとしか思えない」。

2007年、鳩山町の北隣、嵐山町《らんざんまち》の金泉寺という寺の境内に共同墓を建て、その生活保護の人の遺骨を埋葬した。ホームページで、5万円で納骨を受け入れると告知すると、遺骨を持った人や、自分自身が入りたいという人たちが引きも切らなかった（すでに満杯で、受付は終了）。金泉寺、続いてここ妙光寺にも、ひとり用（使用料25万円〜）、ふたり用（同45万円〜）、ペットと共に入る方式（同：ペット1匹あたり＋2万5000円〜）などの樹木葬墓地を設け、そして「なでしこ」も、展開してきたという。

「安価を第一義にしてきましたが、今は外車で納骨に来る方もいらっしゃいます。特に東日本大震災後は『形のあるものは壊れるから、お墓に造形物は要らない』と思って選ぶ人が増えたような気がします」

お墓はやはり時流を表すなあ——と思いながら聞いていたが、「家庭があり、家のお墓があっても、『なでしこ』を契約する人もいます」とも聞き、驚く。

茨城県に住む主婦、岸由香里さん（61歳）もそのひとりだ。「40代から、ひとりでお墓に入りたいと思っていた」と言う。夫は長男で、先祖代々のお墓を継ぐことになる。「私も、当然そのお墓に入ると思われているんでしょうが、義父母とは前々からウマが合わない。死んでまで一緒なのは嫌なんです」。

息子に打ち明けると、「面倒くさい人だなあ」と言いながらもネット検索してくれ、「ここ、よさそうだよ」とスノードロップを見つけてくれた。

「で、見に行ったら、景色が最高でしょ。手放しで気に入り、しかも女性専用のお墓が、2か月間生活費を切り詰めたら捻出できる10万円弱であるなんて。飛びついて、契約しました」

それは夫さんも了解済みなのですか、と問うと、「スノードロップさんには『契約は家族の承諾を得てからにしてください』と口すっぱくして言われたんですが、私は自己責任で、夫に内緒で買いました。あ〜これでいつでも死ねる。カモミールの下に眠ると思うと、いずれ死ぬことが怖くなくなった。今、夫に伝えるタイミングを計っているところです」。

岸さんも女子校育ちで、元保育士だそうだ。先述の峰田さんと、若き日の経歴が重なるのは、偶然でないのかもしれない気がした。

とすると、女性専用のお墓を潜在的に好む人たちは、存外に多いのだろうか。

我が身を振り返ると、私がその昔通った短大も、新卒で就職した航空会社も〝女子ワールド〟だったが、だからといって女性環境への特段の希望はない。気が合う、合わないは、性差より個人差だと、私は思う。もっとも、満員電車に乗るとき、女性専用車両があればほっとするのは確かだけど——なんてことも、カモミールの香りが心地よい樹木葬「なでしこ」墓地で考える。

ちなみに、スノードロップとは、冬の終わりから春先にかけて咲く花の名だ。花言葉は「希望」「慰め」。

「自由に生きてきたから、お墓も自由に選んでいいでしょう?」

東京都府中市の「府中ふれあいパーク」にも、「女性のための共同墓」がある。

こちらは2000年にNPO法人SSS《スリーエス》ネットワーク(東京都新宿区)が建てたもので、もう20年近い歴史を刻んでいる。

やはり美しいお墓だった。そもそも「府中ふれあいパーク」は、噴水や蔓棚、フェンスなども配され、色鮮やかなバラの花々が咲く、ヨーロッパの庭園さながらの樹木葬の霊園だ。「女性のための共同墓」は、その一角の5メートル×2・5メートルほどの区画である。白い石のしゃれたベンチと、赤や白のベゴニア、名前と生年月日（故人は没年月日も）を刻んだクリスタル・プレートに囲まれた直径80センチの円形の共同墓だった。

遺骨は、霊園が用意した小さな骨壺に移され、お墓の中の納骨スペースへ安置される。その骨壺に入りきらない遺骨は、納骨スペースの中に合葬される仕組みだそうだ。お墓の上のガラスの蓋に、こう刻まれている。

〈個を生きる女性たち、ここに集う〉

どういう意味か。SSSネットワークの事務局へ聞きに行くと、代表が、80年代に話題になった『女が家を買うとき』の著者、松原惇子《じゅんこ》さんだった。

「結婚していようが、していまいが、誰しも『ひとり』でしょう？　ずっとシングルの人も、離婚した人も、結婚していて精神的に自立している人も『個』を生きているってこと。SSSネットワークの3つのSは『シングル』『スマイル』『シニアライフ』の頭文字です。約20年前から『ひとり』『個』で生きる女性たち、ネットワークをつくって楽しく生きようよ、と活動してきたんです。ですから、『女たちの共同墓』はそんな仲間、つまり〝墓友〟たちが集う場所なんですね」

〝墓友〟という言葉が出てきた。「お墓にひとりで入っても寂しくないように、友達になっておこう」ということだろう。SSSネットワークは、「お墓を提供するためのNPOではなく、素晴らしい今と老後を過ごすための事業のひとつが共同墓」という位置づけだという。

会員が、お花見や食事会、終活に関する勉強会などで交流し、墓友になる。その証《あかし》が、共同墓の区画にある、名前を刻んだプレートなのだ。

目下、会員は40代から90代まで約900人。60代が43%と最も多く、50代が23%、70代が18%、80代以上が8%、40代が6%。約9割が首都圏在住者だという。お墓の契約者は約450人。亡くなって、すでにお墓に入っている人が36人いる。

ずっとシングルの人が多いのかと聞くと、「さっきも言ったように『個』に属性は関係ないでしょう？　そういうことを問わないのがルールなので、会員の属性の統計はありません」。

ＮＰＯの入会金１万円。年会費１万円。お墓の契約は、別途28万円。

20年近い歴史を刻む「SSSネットワーク」の
「女たちの共同墓」

「つい先日、共同墓に60人集まって追悼会をしたばかりです。到着順に、バラを一輪ずつお墓に手向け、私が故人のプロフィールを読んで、ワインで献杯しました。その後、霊園のサロンでお茶とお菓子もいただき、みんなで２時間くらいお喋りしたかしら。樹木葬墓地で、素敵な時間でしたよ」（松原さん）

国分寺市に住むフリーランスのデザイナー、津田いづみさん（62歳）

は、8年前に会員になり、お墓の契約もした。
「私は、今風に言うと『おひとりさま』だけど、昔風に言うと『行かず後家』。好きな仕事をしっかりしてきたと自負していますが、それでも、どこかに引け目を感じるんです。もし、弟が継ぐ実家のお墓に入ったら引け目が大きくなります、きっと。死んだ後のこととはいえ、そんな気がするんですね。私はひとりで自由に生きてきたんだから、お墓も自由に選んでいいでしょう？　最後に自分が眠るステキな場所を綺麗な樹木葬の地に確保できた安心感は大きいです」

「楽しそうな声が聞こえてきたら嫌」

東京・新宿と京都・宇治に、合葬ではなく、自分ひとりで眠れる女性専用のお墓もある。

東京・新宿は、第2章に書いた浄土真宗東本願寺派・光明寺の東京本院・新宿瑠璃光院。自動搬送式の納骨堂の一部が「女性専用の個人墓」になっているのだ。

私が調べた限り、この形式の女性専用のお墓は他に例がない。

「七回忌法要の後、満天の星の下へお連れいたします」

業務統括推進本部長の木下尚子さんは、そう表現する。七回忌の供養後に、遺骨は系列の京都府宇治市の「京都天が瀬メモリアル公園」に運ばれ、やはり女性専用区画に移される仕組みなのだ。利用料50万円で、管理費不要。人気が高く、残念ながら目下は「第1期完売」の状態だ。

京都天が瀬メモリアル公園の女性専用区画「天空葬コスモガーデン」への直接の納骨（20万円〜）は受け付け中とのことで、訪ねた。

京都駅からJR奈良線に約25分乗ると宇治駅。そこから、車で10分ほどの緑濃い地に広がる、芝生が敷き詰められ、桜の木が点在する明るい霊園だ。

和型や洋型の石墓が並ぶ奥の一角に小川が流れ、「天空葬コスモガーデン」があった。芝生の上に、白い大理石の小さなプレートが点々と配され、ローマ字の名前と誕生日の星座が彫られている。外国の墓地の小型版のような雰囲気だ。

「ご遺骨は粉骨せずに、きれいなオーガンジーの袋に移し替えて、全骨を納骨します。何年経っても合祀されない永代供養墓です」と木村さん。契約した女性の年齢層は、30代から90代までと幅広いという。佇んでいると、せせらぎがかすかに聞こえる。

ふと、木村さんがこんなことを教えてくれた。

「小川を作って他のお墓のエリアと区切ったのは、『自分はひとりなのに、隣から、家族の楽しそうな声が聞こえてきたら嫌』という方がいらっしゃり、その方のお気持ちにお応えしたからなんです」

なぜ「女性だけ」のお墓を選択したのか――。私の問いかけに口をつぐんだ数人の女性の顔が浮かんだ。

第5章

散骨・送骨・0葬ほか
知って
おきたいこと

変わりゆくお墓めぐりの終盤に
向かったのは、東京湾と横浜湾。
海洋散骨のクルージング船に同乗することにした。
さらに、「ゆうパック」での送骨って？
「0葬」って？「本山納骨」って？
個別のお墓を持たない
供養の場にも足を運んだ。

海風に吹かれて散骨クルージング

遺骨のゆくえは、形のあるお墓にとどまらない。「お墓は要らない」「散骨してほしい」という声も聞こえてくる。それなら、その現場へ行こう――。

初夏の週末。晴れ渡る空に、白い雲が泳ぐ初夏の日差しのその日、朝潮《あさしお》小型船乗り場（東京都中央区晴海）で、40人乗りのクルーザーに乗り込んだ。株式会社ハウスボートクラブ（東京都江東区）による海洋散骨サービス「ブルーオーシャンセレモニー」のひとつ、「合同乗船散骨プラン」に同乗したのだ。

乗船後すぐに、船長から挨拶があった。

「本日はブルーオーシャンセレモニーをご利用いただき、ありがとうございます。これより出航いたしまして、レインボーブリッジの下から京浜運河に入り、本日の散骨スポットの羽田沖へと向かいます。散骨スポットは、北緯35度33分、東経139度48分。到着は13時50分頃を予定しています……」

エンジンがかかり、クルーザーはゆっくりと桟橋を離れる。

船内には、5組13人の乗客がいた。中年や年配の夫婦、おそらく40代の男性ふたり組、「おじいちゃんと20歳くらいの孫娘」と見受けるふたりを含む一家らだ。喪服の人はひとりもおらず、皆、カジュアルな服装だった。

その日、ブルーオーシャンセレモニーの
「合同乗船散骨プラン」には13人が乗っていた

1家族ごとにテーブルと椅子が配され、テーブル上には薄ピンクの布で包まれた約30センチ四方の箱と、デンファレ、ラン、ユリなどの、高級感のある色とりどりの花びらが置かれていた。箱の中に入っているのは、溶ける袋にパッキングされたパウダー状の「粉骨」だ。

船員服を着た司会者が、『まず全

員で黙祷を捧げたいと思います」と切り出す。

合掌する人も、両手を下に伸ばしたまま、頭を下げる人もいる。ひととき、沈黙の時間が流れた。

「お直りください」

この日、クルーザーはほとんど揺れなかった。

司会者から「左手に見えますのは、建設中の東京オリンピック選手村。右手は、大型客船の着く晴海客船ターミナルです」などと案内があると、乗客たちは窓を覗き込み、スマホを向けて盛んに写真を撮る。飲み物のグラスを手に、歓談しあう。私の目には、観光乗船と変わらないように見える船内風景が続いた。しかし、あちらの家族から「こんなにいいお天気なの、お母さん、晴れ女だったかしら」「いや、人徳だよ、お母さんの」との会話も漏れ聞こえてきた。

芝浦ふ頭、レインボーブリッジ、お台場、品川ふ頭、そして遠くに東京湾アクアラインのパーキングエリア「海ほたる」などの景色を眺めているうち、予定時刻ぴったりに散骨ポイントの羽田沖に到着した。エンジンが止まると、先ほどか

白い小さな袋を破り、中に入った粉骨を海へ

らBGMにかかっていた、ジョン・レノンが切々と歌う『イマジン』が大きく聞こえてくる。

「これより、順にご案内いたします」

1家族ずつ順番に、船尾に誘導され、箱から「粉骨」の入った袋を取り出し、それを手で破って海面に撒く。私は、撒く人たちの背中を見ていたが、「お母さ〜ん、ありがとう〜」「○○ちゃ〜ん、また会おうね〜」などの声も風の中に舞い、胸を打つ。粉骨の次は、花びら。ひらひらと波面に落ちていく。

5組すべてが終わると、「屋上デ

ッキにお上がりください」。

目の前に、すっくと管制塔が立つ羽田空港が見える。斜め上には、飛行機の誘導路だという橋を仰ぐ。着陸体勢に入った飛行機が高度を下げ、轟音を響かせながら近づいてきて、クルーザーの真上を通る。そんな劇的な光景の中、散骨した人たちは船から身を乗り出し、海面を熟視している。すでに粉骨は識別できないが、花びらが浮き広がっているのがちらほら見える。

「ただいまより、鐘を10回鳴らします。故人の冥福を祈って、黙祷を捧げたいと思います」と案内があり、私も頭を下げ、目をつぶった。

ボーン、ボーンと響く号鐘の音が、青い海と空に吸い込まれていく。湿っぽさはないが、「最後の最後のお別れ」のときである。10回鳴り終わったとき、ハンカチを目に当てている人たちもいた。

「これより、散骨ポイントを3周いたします」

エンジンがかかり、クルーザーが動き始める。大きな円を描いて、ゆっくりと旋回する途中、「あ、あそこ」と女性の声がした。きらきらと輝く波面に、わずかに花びらがまだ散見される。それらが徐々に消えていく様を、皆が見守った。

私には、散骨が「船から遺骨を撒く」というイメージのみだったため、黙祷や号鐘、旋回など「儀式」が行われていたことがいたく心に残った。

帰路のデッキで、1組のご夫婦が「娘を、ね」と話してくれた。

千葉県野田市の山本敏雄さん（77歳）と敦子さん（72歳）。見送った長女、祥子さんのポートレートを片時も離さずお持ちになっている。

「3人でずっと暮らしておりました。娘は8年9か月闘病し、いい病院に巡り合え、最期はホスピス。45歳でした。まさか私たちよりも先に逝くとは思いもしなかったでしょうが、闘病は、長いと人を成長させるんですね。般若心経《はんにゃしんぎょう》も読んで勉強していました。親としても誇りに思いますの」と敦子さんがおっしゃった。

散骨は、ご本人の希望だったそうだ。闘病の後期に、敏雄さんが渡したエンディングノートに、ご本人が「海洋散骨」と明記したという。

「親に迷惑をかけたくないと配慮したんだと思います。マリンスポーツをしていた子だったので『海を見て花を手向けてもらえれば充分』と。『分かった。でも全部はのめないよ。供養は私たちに任せて』と申しました。娘と私たち、両者が折り合いをつける方法をとったんです」

遺骨の半分を家のお墓に納骨し、あと半分を散骨したのだという。この日の前日が、亡くなって「百か日」だった。前々日に、元気な頃に3人で行った那須（栃木県）に「彼女と一緒に」旅してきたそうだ。

「親として、できる限りのことはやってあげられたと、満足感はあります」

噛みしめるような口調だった。

「ゆっくりと青い海に消えていく遺骨はきれいで」

下船して、ハウスボートクラブの社長に会った。村田ますみさん。43歳だそうだ。女性がなぜ海洋散骨の会社を——とまず知りたかった。

「2003年に、私自身が母を沖縄の海に散骨したんです。その体験からです」

詳しく教えてもらう。

「母は急性白血病になり、9か月間の闘病生活をして55歳で他界しました。闘病途中から、私は勤めていた会社を辞めて看病に専念したんですが、母は病床で『お墓には入りたくない。伊江島《いえじま》の海に撒いて』と強い思いを口にしたんです」

母はダイビングが趣味。父とふたりで国内外あちこちに出かけて潜っていたが、特に魅せられていたのが沖縄の離島・伊江島の海だったという。

村田さんの父は6人きょうだいの末っ子だった。先祖代々のお墓は父の長兄が継いだが、きょうだい全員とその妻が入れるように改修済みだったそうだ。つまり、母に家墓は用意されていた。なぜ、そこに入りたくなかったのだろう。

「今となっては、推し量るばかりですが、父方の先祖、つまり母にとっては知らない人たちが入っているお墓が『心休まる場所』でなかったのだと思います」

散骨は、「葬送の自由をすすめる会」が1991年に「自然葬」として相模灘で始めたのが最初とされるが、まだまだ知る人ぞ知る存在だった頃だ。村田さんたち家族は、母の死後1年間、心の整理がつかずに遺骨を手元に置いた後、一部を家墓に納骨し、大部分を伊江島の海に散骨することにした。「散骨、沖縄」とネットで検索して見つけた沖縄本島の葬儀社に粉骨とセレモニーを頼み、父母が懇意にしていた現地のダイビングショップのオーナーに船を出してもらった。

「父や妹と伊江島に行き、船から散骨しましたが、ゆっくりと青い海に沈んでいく遺骨はとてもきれいで……。心に開いていた大きな穴が、小さくなっていくのを感じました。その日から前向きに進もうという気力が湧いてきたんですね」

村田さんは、そのとき30歳で、5歳の子どもがいたが、後に離婚。シングルマザーとしての暮らしを経て、再婚した。その相手が、実は今回の散骨の船長だという。東京湾でクルーズ船を操船する仕事をしていた彼から、初めてのデートのとき「海洋散骨の仕事もしている」と明かされ、距離が縮まった。タイミングよく売りに出ていた中古クルーザーを購入して、2007年に独立開業したそうだ。

「最初にご利用いただいたのは、大きな会社の役員だった方の貸し切りでの散骨でした。船内を花いっぱいにデコレーションして、イタリアンのシェフに厨房に入ってもらって会食。遺族の方が、フルートで『千の風になって』を演奏されました」

と、ここまで聞いてから、散骨って合法なんだろうかと頭によぎる。

1948年に制定された「墓地、埋葬等に関する法律」には、そもそも散骨という葬送方法は想定されていない。刑法の遺骨遺棄罪に抵触するのではという議論があったが、1991年に「葬送の自由をすすめる会」が散骨したとき、マスコミが法務省に問い合わせたところ、「葬送のひとつとして節度をもって行われる限り、（散骨は）遺骨遺棄罪には当たらない」と見解を示したという。

「歴史が浅いので、行う側にその方法を委ねられているというのが現状です。旅客を乗せて運航する営業許可を得ていない船を使うとか、遺骨をぞんざいに扱うとか、心ない業者がいないと言えないのが残念です」（村田さん）

これまで取材した寺や霊園で、「散骨すると、手を合わせる場所がなくなる」と聞かされたが、ブルーオーシャンセレモニーが羽田沖を散骨スポットにするのは、「羽田空港から手を合わせられるため」。さらに、散骨後に、散骨場所を訪ねる「メモリアルクルーズ」を年間4回も実施している。「ほぼ毎回乗船する遺族もいる」そうで、その心配は軽減されているようだ。

施行の件数は、初年の2007年に6件。2016年は250件となり、2017年は300件を超えたという。私が乗船した「合同乗船散骨プラン」はふたりの乗船で12万円(追加ひとりにつき1万5000円)。クルーザーを借り切る「チャーター散骨プラン」が25万円（定員24人。料金追加で、船内での会食や生花祭壇の設置も可）、遺族が乗船しない「代行委託散骨プラン」が遺骨1柱《はしら》（故人1人の遺骨を1柱と考える）につき5万円。一般的な永代供養墓よりも、安価だ。

「お墓まで〝長男の嫁〟は失礼したいわ」

どんなケースが多いのだろうか。

「お客さまそれぞれに事情があると思います。私の母のときのように、海を好きな故人が希望し、家族も納得してというケースが多いですが、ここ2、3年で目立つのが、海外に暮らしている遺族と、改葬をする方からの申し込みですね。海外在住の方は、急いで帰国し、限りある日程の中でお葬式と散骨をされる。お墓に納骨してもお参りに来られないけど、海なら海外にもつながっているから、どこにいても拝めると考えられるようです。改葬の方は、新しいお墓に入れられる遺骨の数をオーバーした場合に遠い先祖の遺骨何人分かを散骨されます」

村田さんは、そう答えてから、こうも言った。

「すごくこだわりを持って散骨を選ぶ人と、海を遺骨の捨て場と考える人と、二極化してきていますね」

「チャーター散骨」には「2度目のお葬式」のような形態の利用者が多いという。24人の定員いっぱいに一族、友人知人らが乗り込み、マイクを回して故人の思い出を語る。お坊さんも同乗し、散骨時に読経をしてもらう。そんな「うるうるしちゃうような」ケース。それに、家族が乗船しない「代行委託散骨」を依頼する人たちも、「高齢のため」「体調が悪いため」などやむを得ない理由があるケースもあり、その場合は代行散骨を行った際の写真をお持ちしたときの対応などから、「遺族が故人を愛してらっしゃることが分かります」。これらはこだわりや切ない思いを持って散骨を選ぶ人たちだ。

一方、安価な価格設定をしている同業者から聞いた話では、「お金を振り込んでおくので、処分をよろしく」と遺骨を送ってきて、「それでおしまい」と「捨てる感覚」の利用者も少なくないという。ブルーオーシャンセレモニーの散骨の価格設定は「やや高め」なので、「捨てる」タイプの利用は「100件に1件程度」だそうだが、「火葬場に引き取りに行くよう依頼が来て、〝熱々のご遺骨〟を持ち帰り、弊社で散骨したことがありました。依頼者は、故人のことを、一刻も早く忘れ去りたいとまで思ってらっしゃったのかもしれません」。

いずれにせよ、海洋散骨は、近年珍しくなくなった感がある。村田さんが、「菩提寺のお坊さんが理解を示すケースが出てきた」という。

2017年の春に母を散骨した片岡留美さん（52歳、東京都足立区）が言う。

「菩提寺の住職に叱られることを覚悟で『母の遺骨はお墓に入れずに、散骨をしようと思っているんですが』とお話ししたんです。そしたら、『この頃は、お墓をいろいろにとらえる方がいらっしゃるので、それもひとつの選択肢だと思います。よく考えた上で散骨という結論を出されたのでしょうから、あなたのお考えを尊重します』とおっしゃってくださったんです」

片岡家は品川区にある菩提寺と、いわゆる寺檀《じだん》関係が長く、お墓は、境内墓地の一角に江戸時代から立つ。

「25、26年前に亡くなった祖父母……母からすると舅姑を、母がひとりで介護したんです。当時、長男の嫁としては当たり前のことだったでしょうし、仲が悪かったわけでもありませんが、『お墓までは失礼したいわ』という気持ちだったんだろうと思います。10年ほど前から『私はお墓に入らなくていいわ。消えてなくなりたいわ』と、軽い感じで話していました」と、留美さんは言う。海への散骨を希望したのは、カルチャー教室でフラダンスを習っていたからだろうとも。

父（82歳）が「本人の希望を尊重してあげたい」とまず賛成した。叔母たちに「散骨希望」を伝えると、「実は私も嫁ぎ先のお墓に入りたくないのよ」と異口同音。「嫁ぎ先のお墓に入りたい女なんて、ひとりもいないんじゃない」と言う向きまでいた。母の長兄（80代後半）には「年長なだけに、反対されるだろう」と危惧したが、「いちばん賛成してくれました」。

こうして親戚一同の賛同を得た上で「最後の難関」と寺に出向いたところ、先述のとおり、拍子抜けするほどたやすく理解が示されたのだ。

留美さんは、「チャーター散骨プラン」を選び、親戚ら約20人が乗船した。

「クルーザーの中で、母が好きだったハワイアン音楽をかけ、思い出コーナーに、若かった頃から順に写真を飾りました。親戚一同、とても思い出深い時間になりました。今後、羽田空港から旅行に行くとき、少し早めの時間に行って、空港の屋上デッキで手を合わせるつもりです」（留美さん）

市民運動としての「自然葬」

先述のとおり、日本で最初の海洋散骨を行ったのは、「葬送の自由をすすめる会」（現NPO法人、本部＝東京都千代田区）だ。東京都の水源林の調査をしていた元朝日新聞記者の安田睦彦さんが、自然の理にかない環境を破壊しない葬法（同会では自然葬と呼ぶ）を世に問い、広めることを趣旨として、立ち上がった。具体的には、遺灰を海や山に撒く方法をとる。

「1991年の最初の自然葬は、失恋のために28歳で自死した女性の遺骨の一部を預かっていた人が会の趣旨に賛同して依頼して来られたもので、相模灘に葬られました。以来27年、全国各地で約2100回の自然葬を執り行い、自然に還った故人は4000人を超えています」と副会長の西田真知子さんが言う。

現在、会員数は約6000人。この会が、数ある散骨業者と異なるのは、市民運動の形で行われていることだ。会は船を所有せず、借りる。年会費は3000

円。会員が亡くなると、4柱（1遺族につき5人まで乗船可）まで同乗の「特別合同葬」なら7万円、船を借り切る「個人葬」（約20人まで乗船可）なら13万円から。20年以上会員だったなら、特別合同葬が無料になる。それまで会員でなかった人を葬りたい場合は、実施する人が会員になれば、すぐにも実施できる仕組みだ。

「葬送の自由をすすめる会」が「自然葬」を行う船に、横浜港から乗った。4組14人が、やはりカジュアルな服装で席についている。船員服のスタッフもいなければ、特段の演出もない。この日は会員のボランティアの「立会人」が4人同乗した。出航すると、そのうちのひとりがマイクを持って、まず会の趣旨説明をし、「この27年の間に、多くの人たちのご遺志を生かすために努力されたご遺族、関係者の方々に、会として敬意を表したいと思います」と続けた。

17分航行し、エンジン音が止まる。海は凪いでいた。『千の風に乗って』のメロディーがかかり、「右手には房総半島の君津、左手には川崎の扇島が見えます。後方は横浜湾ですね」と立会人が案内した。雲ひとつない晩夏の午前だ。富士山のシルエットも美しい。紙袋などを手にした参加者たちが2組ずつ船尾のデッキへと移動する。紙袋は水溶性の和紙製で、遺灰が入っている。

「最初に袋ごと遺灰を、その後お花を、そしてジュースやお酒など飲み物を注いでいただき、亡くなられた方のご冥福を祈って黙祷をお願いいたします」

その後、デッキの手すりに寄りかかり、海に遺灰を送り出す家族の姿があった。遺灰を包んでいた袋が、水面でばらばらになり、すっと溶けて沈んでいく光景を淡々と見守る。私の目には、皆さん総じて鷹揚自若《おうようじじゃく》としているように見えた。

2組ずつ、4組の「お別れ」は合計25分ほどで終わり、船は納骨ポイントの辺りを3周した。別れの汽笛が3度鳴り響く間、案内されたわけでないのに、参加者全員が黙祷していたのが心に残った。

横浜港の桟橋に戻った後、娘さん夫婦と共に乗船していた時任薫さん（73歳）が事情を話してくれた。

「夫は10年前に69歳で亡くなりましたが、80歳くらいまで生きたかっただろうと、私の意思でずっとリビングルームに（骨壺を）置いていたんです。10年経って、

80歳の誕生日を過ぎたので、今日ようやく……」

夫は、60歳から「葬送の自由をすすめる会」に入っていた。生前、「地球の歴史の中で、人間の歴史はちっぽけなもの」「人は地球から生まれて、死ぬと窒素、リン酸、カリウムに戻る」「戒名もお墓も線香も要らない」と口にしていたという。

「もしかして、理科の先生でいらっしゃいました?」と当てずっぽうを返したら、当たっていた。「もとは都内の病院の放射線技師でしたが、理科大の2部で学び直して、35歳で教員資格を取って、神奈川県の中学教員に採用されたんです。そのときに、『僕は神奈川県に骨を埋めるつもりで働く覚悟だ』と申しておりました。なので、横浜湾がよかったんです」。

薫さん自身は房総の育ちで、横浜に祖母がいたため、子どもの頃、船で東京湾を横切って横浜までよく来た。「馴染みのある海」への弔いに異存はなかった。

「50年も前ですが、夫がギター、私がピアノで、一緒にハワイアンバンドをやっていたの」との話が出て、「夫のお誕生日には、いつも私がピアノで『ハッピーバースデートゥーユー』を弾いてお祝いして……、この前の80歳のお誕生日にも弾いて、私自身ようやく納得できたんですよ。そろそろお別れして大丈夫だと」。

夫の死を受容するまで10年を要したのだ。仲のいいご夫婦だったのだとしみじみ思った。夫は亡くなった時点で「葬送の自由をすすめる会」を自然退会となったが、「代わりに、私が入会したので、会員になって10年になりますね。今日は、花びらと共に夫が海に消えていき、自然に還っていった気がしました。年に2回届く会報を読み、会の理念に心から賛同しています」。

会の理念とは、と聞く。

「自然葬の認知がすすむことと、普及させることです」と、副会長の西田さん。自然葬とは、墓でなく海や山などに遺体や遺灰を還すことにより、自然の大きな循環の中に回帰していこうとする葬送の方法全般を指すという。現在、この会が実施している散骨場所のほとんどは海だが、会や会員が所有する山での自然葬（18万円）も、回数は少ないものの、行われている。

千葉県市川市の藤田栄子さん（71歳）は、2005年、「西多摩再生の森」と名付けられた山地に、「葬送の自由をすすめる会」の立会人が運転する車で、当時20代から30代だった子どもたち5人と一緒に行き、夫の遺灰を撒いた。「ふたりでハイキングに行っていた山の近くなんです。夫とは特に弔い方の話はしていませんでしたが、ハイキング中に『いつの間にか霊園ができちゃってる。自然が人工物に食い荒らされていくね』と話したこともあったので、自然葬がいいというのは共通認識だったと思います」。

研究者だった夫が秋田大学にポストを得て、1999年に関東に戻るまで27年間、家族で秋田に暮らした。その間に、能代《のしろ》市の市史編さんに携わった栄子さんは、地元のお年寄りに葬送の習俗について聞き取り調査をした。「昔は死者を山に埋めた。墓を個人が所有する意識はなかった」と聞いたことが、自然葬という選択の根っこにあったという。

「子どもたちも『科学的な人だったお父さんの生き方に合ってるね』って。遺灰を撒いているとき、ホトトギスの鳴き声が聞こえました。夫の遺灰が栄養になって木が育ち、その木に鳥がやってくるんですよね。すごく清々しい気持ちでした」

そう振り返ってくれた。

「ゆうパック」で遺骨が届く

散骨と同様に、今後ゆっくりのスピードだとしても遺骨の行き先の選択肢のひとつとして認知度が高まるかもしれないのが、「送骨」だ。

「〝お墓事情〟に異変『ゆうパックで納骨3万円』」などとセンセーショナルにマスコミに取り上げられたのは2015年。今、「送骨」をキーワードにネット検索すると、受け入れをしている北海道から鹿児島まで、40を超える寺がヒットする。

その火付け役の寺のひとつ、埼玉県熊谷市の見性院《けんしょういん》へ足を延ばした。

東京駅からJR高崎線で約1時間10分の熊谷駅から、タクシーで10分ほど。熊谷市郊外の住宅地に位置する、400年を超える歴史を持つ曹洞宗の古刹である。

参道の入り口で目に入ったのが、「葬儀・俗名（戒名なし）導師ひとり（通夜・葬儀）10万～15万円」「法事・四十九日忌から五十回忌まで　3万～5万円」などとお布施の一覧や、「質素倹約を旨とする」「原則、禁酒禁煙」などと「心得十カ条（僧侶として守るべき戒律）」を書いた紙が貼られた掲示板だ。ユニークな取り組みをしていると一目瞭然だが、2012年に同寺の檀家制度を廃止した上、収支のすべてを公表して『お寺の収支報告書』（祥伝社）という本を出すなど、さまざまな「改革」に取り組んでいる橋本英樹《えいじゅ》さん（51歳）が住職の寺である。

第3章に書いた新潟・妙光寺の小川住職に聞いたのを機に、「檀家」は法的に死語で、信仰は家単位ではなく個人単位でなければならないものだと学習したが、その見地からの改革のようだ。

橋本さんに、さっそく「異端だと言われませんか？」と水を向けた。

「言われます。仏教界の『裏切り者』とレッテルを貼られていますよ。でも、改革は、寺が生き残るため。あぐらをかいているわけにはいきませんから。議論を重ねた末、2012年に檀家制度を白紙に戻し、寄付、年会費、管理費不要としました。『みんなのお寺』を信条に、縛りのない会員組織に変えたんです。以来、宗教・宗派・国籍を問わずにどなたにも墓地を分譲し、法要も当院の本堂で行ってもらえるようにし、お布施を定額明示しています。その結果、約400軒の檀家から、約800人の信徒へ、改革前の2倍になりました」

穏やかな口調ですごいことをおっしゃる。定額化については、したくてしているわけではないそうだ。「お金を持っている人からいただき、持っていない人からはいただかない形が理想ですが、現実はこうするしか生き残る方法がないから」とのことである。「送骨サービス」も、改革の一環だ。仕組みを聞いた。

「電話かメールでお申し込みいただき、振り込みを確認すると、こちらから全国どこへでも『送骨パック』を送ります。その中に骨壺を入れて『ゆうパック』で送り返してもらうと、私共でご供養して、永代供養墓に納骨します」

料金は、基本が3万円。遺骨がバラで永代供養墓に入ることになるが、「最初から他の人と一緒は嫌」という向きに、個別の布袋に入れる場合はプラス3000円。骨壺のまま本堂に10年間安置したのちに、永代供養墓に入れる場合は10万円。これらの価格設定は、「我々がきちんと法衣を着用して、手厚く弔ってさしあげられる最少の額」をひねり出したのだという。

発案のきっかけは、「お金がなくて、お墓が建てられない」「絶縁状態の遠縁が孤独死したが、骨をどうしたらいいのか」といった相談が相次いだから。「納骨するところがなくて、困っている人は全国に大勢いるのではないか。本来、寺というのは、困っている人を助ける駆け込み寺でなければならない。全国の人に対応するには、宅配もひとつの方法と考え、批判覚悟で2013年に始めました」と、橋本さんは言う。

「送骨パック」の内容は、骨壺がすっぽり入るサイズの段ボールと、中敷の段ボール、ビニールの緩衝材——と、見せてもらっている間に、ゆうパックが届いた。「年に約300件の利用があるので、運が悪くなければ、今日も届くでしょうね」と言われていたが、そのとおりとなったのだ。

届くや否や、若いお坊さんが、差出人に「今、届きました。ご安心ください」と電話をかける。「これから梱包を開き、ご供養させていただきます」。

すぐさま、梱包のまま本堂に運ばれ、骨壺が取り出された。関東の標準的な「7寸」の大きさの白い陶器の骨壺だった。「埋葬許可証」が同封されている。

「足立区の67歳の男性ですね。75歳の奥さんが送ってこられました」と若いお坊さん。

荘厳な本堂の中、本尊・阿弥陀如来の正面に置かれた台に骨壺を載せて、読経が始まり、8分に及んだ。

「送ってこられる方々は、遺骨を『捨てる』感覚なのでしょうか」と橋本さんに聞く。

「中にはそういう方もおられると思いますが、すべての方の事情は分かりません。『本当は自分で妻の遺骨を持って行きたいけど、高齢で車の運転ができないから』という人や、代々のお墓があっても熟慮した上、送骨を選ぶ方もおられます」

地元の家墓をたたみ、そこに入っていた妻の遺骨を送ってきた岡山県の男性がいた。「先々のことを考えると、都会に出て暮らしている子どもたちに墓守りを続けてもらうわけにはいかないから。自分が死んでも、このお寺に送ってくれるように息子に頼んだ」とのことだったという。

「送骨された方で、お盆やお彼岸、命日に永代供養墓にお参りに来られる方がすごく多いんです」

小平霊園の樹木葬墓地で聞いた話とも、ブルーオーシャンセレモニーで聞いた話とも重なる。弔いにかける費用が少ないからといって、遺族に故人を偲ぶ心が乏しいわけではない。それが、意表をつく「ゆうパック」送骨という方法であっても。

供養に立ち会わせてもらった遺骨の送り主に、後日電話すると、「大工だった主人は、1年半、入院して亡くなったんですが、ずいぶん優しい人でした。入院中に、週刊誌でこのお寺の記事を読んで、『俺が先に逝ったら、これがいいや』と言っていたけど、いざ亡くなると、私はどこのお寺だったかまったく覚えてなくて。ところが、亡くなった後、病院から荷物を持ち帰ると、その中に一枚の紙きれがあって、ひらがなで『けんしょう院』と電話番号を書いておいてくれたの」

自分も体がもう言うことをきかないので、お葬式はしなかったし、火葬場にも行けなかった。近所の人に骨を拾ってきてもらったその夜に、「早く、寝かせてあげよう」と見性院に電話した、とのことだった。

ゆうパックで届いた遺骨が埋葬される見性院の永代供養墓は、仏舎利塔《ぶっしゃりとう》が施された立派なもので、山門に近い境内の〝一等地〟に設けられていたことも特筆しておきたい。

「0葬」を選んだ人がいた

一方で、宗教学者の島田裕巳《ひろみ》さんが2014年に『0葬《ゼロ》――あっさり死ぬ』（集英社）を上梓し、「0葬」を提唱したことも記憶に新しい。火葬場で遺骨を遺族が一切受け取らず、置いて帰り、処分してもらう。それによって、遺族がお墓探しなどの煩わしさから解放されるという、究極のお墓無用論だ。

「0葬」は、マスコミでも話題になった。骨壺を電車の網棚に故意に忘れていく、つまり遺骨を捨てる人が増えているなどという話題とセットで紹介されることも多かったが、実際に「0葬をした」という人が紹介されたのを見たことはない。

ということは、世に受け入れられなかったのかと思っていたところ、旧知の源淳子さん（71歳）から「2016年11月に亡くなったつれあいの骨を拾わなかった」と聞いた。

源さんは、日本の宗教とジェンダー（社会的につくられる性別）の研究者で、公益財団法人世界人権問題研究センター（京都市）嘱託研究員だ。市民団体『大峰山《おおみねさん》女人禁制』の開放を求める会」の共同代表も務めておられ、私はその会を10年余り前に取材したのをきっかけに知り合った。会いに行き、「お骨拾いをされなかったと聞いて、びっくりしました」と申し上げる。

「そうですか。私は自分が骨を拾わなかったことを、特にびっくりしていないんです。つれあいと20数年連れ添いましたが、話し合って、お互い、どちらが先に逝っても相手の骨を拾わないと決めていましたから」

なぜですか――。

「『親鸞の思想に依って立つ』ですね」

源さんの実家は、島根県の浄土真宗の寺。親鸞研究をされているのも知っていたが、どういうことだろう。

「覚如《かくにょ》の『改邪鈔《かいじゃしょう》』に、『某親鸞閉眼せば賀茂河にいれてうほにあたふべし』とあるんです。親鸞は、自分が死んだら、遺体を鴨川に流して、魚に食べさせよと遺言し、お墓や葬式などを問題にしていなかったんです。それに、『悪人正因《あくにんしょういん》』でも知られるように、親鸞は、阿弥陀仏が誰もを平等に救うと説き、『死後に何かがあると考えて、それをたよりにして死んでいくのではない』と死を捉えています。その考えに共感するから」

遺骨を拾わなければ、お墓も必要なくなる。源さんは、「簡単に言うと、お墓が男女差別につながる家制度の象徴だから、私はそれをやめたんです」とも、確として言った。江戸時代の服忌令《ぶっきりょう》という法律に服喪が決められたのを元に、1874（明治7）年に「服喪令《ふくもれい》」が公布され、喪に服す期日が男女で異なった。のちに制定される家制度は、これに起因するところが大きい。「男が1番、女は2番」的な、焼香の順番をはじめ葬送・お墓のあり方に結びついたのだという。

おつれあいを荼毘《だび》に付したのは大阪府東部の町の火葬場だったそうだが、すんなり受け入れられたのか。

「葬儀社との打ち合わせのときに、拾骨しないことを了解してもらったんです。火葬場には葬儀社から伝えてくれ、特に何も聞かれることはなかったです。遺体が火葬炉に入ると、ほどなく帰りました」と源さんは言う。

東京ではすべての骨を拾うのに対し、関西の火葬場では喉仏など一部の骨しか拾わない。40代の頃に関西の火葬場で、拾わない骨がどこに行くのかと質問したことがあったそうだ。そのとき、「果樹園に撒かれ、肥料になる」と回答された。それなら、全骨が果樹園に撒かれた方が、肥料としての有効性が高いと思ったのもきっかけとなり、おつれあいともどもきっぱりと「骨を拾ってもらわなくていい」という考えに至ったと源さんは振り返った。おつれあいは、仏教関係の新聞の記者だった人だ。

お墓がないと、手を合わせる場所がなくなるのでは、と聞く。

「大丈夫です。今も彼を思い出さない日はありませんが、死者とのつながりがお墓でない、ということです。私は、ジェンダーの視点からも習わしやしきたりを疑ってかからなければならないと思っています」

源さんは、この取材の後、そんな思いやおつれあいを見送った体験を綴り、『自分らしい終末や葬儀の生前準備』（あけび書房）を上梓した。

前掲書『0葬』には、「西日本の火葬場では比較的、0葬に応じてくれる。関東でも一部の火葬場では応じてくれる」との旨が書かれている。確かめようと東京23区内と大阪市内の全火葬場に電話してみると、東京23区内9か所は、すべて不可能、大阪市内6か所はすべて可能とのことだった。

引き取らなかった骨は、どこに行くのか。

大阪市環境局に問い合わせると、「瓜破《うりわり》斎場（大阪市平野区）の慰霊塔に埋葬しています」。捨てない、のだ。自治体によっては、入札した「残骨灰」専門の業者に引き取られる。ふるいのような機械にかけられ、さらさらの粉骨となって、石川県や山梨県の寺院に運ばれる。その寺院で、毎年、業者団体主催による「全国火葬場残骨灰合同供養会」が開かれ、寺院の境内地の大きなお墓に埋葬される。

源さんが言った「習わしやしきたりは疑ってかからなければ」は、同感する。

私は関西の出身だが、東京に住むまで、高さ約25センチ・直径約20センチもの大きさの「7寸」の骨壺を見たことがなかった。骨壺とは、高さ約11センチ・直径約10センチの「3寸」のものだと思っていたのだ。「7寸」の骨壺を初めて見たとき、その姿に間延びした印象を持った。「関西の人はお骨を捨てちゃって、大事にしないのね」などと言われると、返答に困る。「3寸」の骨壺が「当たり前」で、骨壺に収納しない骨を「捨てている」感覚などないからである。

大阪・一心寺の「骨佛」になる

確固とした信念が必要であろう「0葬」を除くと、3万円の送骨が、最安価の弔い方法かと思いきや、その半額、1万5000円で弔ってくれるところがあった。大阪市天王寺区の一心寺《いっしんじ》だ。大阪は私の地元でもあり、一心寺は3度目の訪問だったが、2017年の秋に久しぶりに行って、平日だというのに、ことのほかお参りする人が多いのに腰を抜かしそうになった。

一心寺は、８００年余り前に法然上人が開いた浄土宗の寺で、「骨佛《こつぼとけ》」で知られる。江戸時代末期から、宗派を問わずあらゆる人の納骨を受け入れてきた。納骨堂が満杯になったのを機に、１８８７（明治20）年に、納められた遺骨で骨佛をつくるしきたりが始まったという。究極の永代供養墓だ。骨佛は10年おきにつくられてきて、通算14体目となる骨佛が、２０１７年7月にでき上がった。

お参りの人に声をかけてみる。

「一昨年、宮崎の（亡き）両親を、こっちに呼び寄せたんです。長いことあっちには参りに行けてなかったので、ついに墓じまいしたんですよ。で、こっちへ納骨したら、いいタイミングで、素早く仏さんにならしてもらって、ありがたくて」

と、吉本敏子さん（69歳）。

夫とふたりで岸和田市から来た。骨佛ができて、もっと早くにお参りに来たかったが、体調が悪く、ままならなかったという。「ようよう（ようやく）、お父さんとお母さんの『晴れ姿』に会える」と、ちょっとおどけた口調で話してくれた。

人の流れに沿って行った先に納骨堂があり、高さ2メートル半ほどの真白い阿弥陀如来像（骨佛）が鎮座していた。真新しい仏様だ。その前は、合掌する人たちでいっぱいで、黒山の人だかりと言っていいほど。ロウソクの炎が揺れ、線香の煙が立ちのぼり、脇の台には盛りだくさんの供花がされている。

本堂で、施餓鬼《せがき》法要が行われている様子を見てから、「受付」の窓口に行って、納骨のシステムを聞いた。

「予約はできません。毎日、午前9時から午後4時まで受け付けていますので、直接ここへお骨壺を持って来てください。納骨冥加《みょうが》料《りょう》は、1霊1万５０００円からですが、喉仏だけなら1万円からです。宗教宗派は問いませんが、お骨の返却はできないことをご了解いただく方に限ります」と、窓口の方が教えてくれる。

納骨後は、骨壺から出して、納骨堂の後ろ側で、今からだと10年後に次のお骨佛になるまで保管される。納骨には、火葬許可証、あるいは改葬許可証の提出が必要な旨も書かれた案内書をくださった。

納骨は全国から。海外からというケースもあるそうだ。２０１７年7月完成の骨佛は、約22万人の遺骨を粉状にし、水とセメントを混ぜて成形されたという。お参りに来て、お経をあげてもらうのも、予約不要。そのお布施額は「300円以上1万円まで、とお願いしています」と、そちらもずいぶん安い。

大ブランド寺院を「私のお寺」に

あまり知られていないのが、宗派の総本山に納骨する「本山納骨」だ。もともと、とりわけ西日本では各宗派の本山に遺骨を納める習慣があった。浄土宗、浄土真宗、曹洞宗、臨済宗、日蓮宗など多くの宗派の本山が納骨を受け入れているのである。その一つ、京都・東山の山麓にある「大谷祖廟《おおたにそびょう》」へ行ってみた。京都駅近くの東本願寺（真宗大谷派）の「飛び地」にあたるそうだ。

晩秋の平日、午前10時に着いたが、堂々たる総門をくぐると、観光客も多いが、略肩衣《りゃくかたぎぬ》を着用した門徒の団体も複数いた。

「観光でふらりと入ってこられ、『ここはどういうところですか』とお聞きになる方もいらっしゃり、『親鸞聖人の教えに出遇《であ》われた多くの門徒の方々にご納骨いただいているお墓所《はかどころ》です』とお答えしてします」と、職員の冨田智樹さんが言う。

「納骨受付」と書いた建物に入ると、受付カウンターがあり、A5サイズの申込用紙が置かれていた。これに、法名、俗名、性別、命日と、申込者の住所、氏名等を記入して納骨を申し込めばいいそうだ。受付に並んでいる人たちが5、6人いた。

個人で納骨する場合は予約不要。申し込み後、本堂で行われる納骨のための読経に参列し、石段を上ったところにある、立派な唐破風《からはふ》屋根が施された、宗祖・親鸞聖人のお墓のそばに納骨される仕組みだ。その後の永代経を希望しないなら2万円、希望するなら、その回数によって4万円、7万円、10万円の種別がある(合同読経)。さらに、納骨時の読経を個別につとめてもらうことを希望する場合は、15万円(個別読経)。いずれも管理料は不要である。

墓石を建てない納骨は、何も今に始まったわけではなかった。一般の人たちがここに納骨するようになったのは、明治時代から。「非常に多くの方々」の遺骨が収められているのだ。今、納骨するには、真宗大谷派の人に限るのだろうか、と尋ねる。

「いいえ、これまで真宗大谷派にご縁のなかった方には、今後、大谷派寺院とのご縁を結んでいただくなどのお願いをしています。門徒になって法名を授かってくだされば結構です。本山は、全国の大谷派寺院によって、ひいては全国の門徒さんによって護持されているので、『ただ納骨だけを』と希望されても困りますが、納骨を仏法にふれるきっかけにしていただき、末長くご縁を結んでいただきたいと考えております」と冨田さん。

「門徒」とは、他宗で言う檀徒、「法名」は戒名のこと。東本願寺（真宗大谷派）に問い合わせると、自宅最寄りなどの真宗大谷派の寺院を紹介してもらえる。その寺院とゆるやかに関係を結び、門徒となる。そして帰敬式《ききょうしき》（仏の弟子になる「おかみそり」の儀式＝実際に剃髪するわけではない。1万円〜）に参列して法名を授かる（すでに亡くなった人を納骨する場合は、申し込む人が門徒となる）。そういった手順を踏む必要があるという。少し手間だが、本来の意味どおり、生きている間に法名を授かることができ、「仏道を歩む生き方をはじめてほしい」とのことだ。

「分骨の納骨場所である色あいが強いですが、近頃は、全てのお骨をお納めされる方が25％、改葬が5％ほどとなっています」（富田さん）

他にお墓を持たずにここだけに納骨する人、墓じまいをしてここに改葬する人が、全体の30％を占めているのである。

この日、本堂での納骨読経に参列する。建立から300年を経て黒光りする木造の堂内は、やはり荘厳だ。この回の参列者は、40人ほど。漂うお香の煙が、身にも心にも優しい。足の弱ったご年配者に、お孫さんと見受ける茶髪の若者が寄り添う光景もあり、心があたたかくなった。

「昨年亡くなった主人を納骨しました。終活の講座に行き、講師の先生からここのことを教えてもらったんです。京都であることと、本山だから未来永劫つぶれないこと。願ってもない素晴らしいところでした」

こう話してくれたのは、愛知県から来ていた原田茂子さん（75歳）だ。夫は三男だった。次兄が亡くなったときのように、本家の墓地内に新たな墓石を建てることを近所に住む長兄一家が勧めてくれたが、それを断ったのは、「ひとり娘が京都に嫁いでいるから」。最愛の娘には「負担にならないように。でも、いずれ私が夫の元へ行っても、顔を見せに来てほしい」と切に思う。原田家と宗旨は異なったが、娘の婚家が真宗大谷派だったので、娘の夫が便宜を図ってくれたのだという。「主人も絶対に喜んでいます」と、確信を抱く口調だった。

２０１７年11月、東京にも「本山納骨」的なお墓が「納骨堂」の形式で開設された。場所は築地本願寺（中央区）。１９３４（昭和９）年に建てられ、伊東忠太設計の古代インド仏教様式を模した外観で有名な、浄土真宗本願寺派（西本願寺）直轄寺院だ。

ここです、と案内されたのは、正門左手の芝生が広がる境内の一角に建つ薄いベージュの円形の建物。「礼拝堂《らいはい》」だという。40平方メートルほどの広さで、正面に阿弥陀如来が安置されている。ずいぶん明るいと思いきや、天窓が設けられていて、上に目をやると、豪壮な本堂の屋根が見える。どこが納骨スペースなのだろうか。

「阿弥陀如来の下と、そこから続く芝生の地下部分です」と、宗務長の安永雄玄《ゆうげん》さんが言う。

礼拝堂からは見えないが、地下に「個別区画」と「合同区画」があり、合わせて、なんと約5万人分を擁するという。どちらも粉骨して嵩《かさ》を小さくし、一体ずつ専用の袋に入れられ、他の人の骨と混ざることはない。その袋をさらに骨箱に入れて棚に並べるのが個別区画、袋のままで前後左右のものと〝袖すり合う〟形になるのが合同区画だそうだ。初めから合同区画を選ぶと30万円、6年間個別保管なら50万円、32年間個別保管なら100万円。いずれも、管理料は要らない。

「個人的には、自動搬送式も悪くないとも感じましたが、浄土真宗は遺骨を拝んで意味があるという宗教ではないので、導入しませんでした」と、安永さんが明

築地本願寺の礼拝堂。地下に約5万人分の納骨スペースがある

かす。「亡くなったら、阿弥陀如来のお慈悲によって生まれ変わって、浄土で仏様になるというのが教えの根本ですから」。

納骨するには、檀家にならなければいけないのかと聞くと、「いいえ。俗名での個人単位の生前申し込みが基本で、承継の手続きもありません」とのこと。無料の「築地本願寺倶楽部」に入会し、法要に際しては、浄土真宗本願寺派の儀礼に従うことが条件だが、「これまでの『家』を単位とした門徒との感覚とは違う、ゆるやかなご縁をおひとりおひとりが築地本願寺と結んでいただく形です」。「築地本願寺倶楽部」には、この合同墓の申し込みのみならず、遺言や遺品整理、相続など法律相談を専門家に紹介する「人生サポート」というサービスも付いている。

「私たちの調査では、東京に住む人の6割以上に宗教的帰属意識がなく、いわゆる寺檀制度は事実上すでに崩壊しています。そのような中で、この合同墓を布教のきっかけにしようと考えたのです。他宗派だった人からの申し込みが95%を占めています」(安永さん)

「布教のきっかけに」は、多くの納骨堂でも大谷祖廟でも聞いたが、そのための仕組みが大掛かりだ。築地本願寺は大寺院だけに、資金力も機動力もある。2017年が、創建400年。その節目に向けたプロジェクトに取り組んできた。境内に誰もが立ち寄れるカフェや仏教書を中心に販売するブックセンターを作り、生前整理や遺言作成・相続の相談などを専門家につなぐサービス窓口も設置してきており、合同墓の新設もそのプロジェクトの一環だという。

合同墓の契約者数は、半年を待たず千数百人を超え、2018年9月現在、約

2600人にのぼっている。そのうち、持っていた遺骨をすでに納骨したのは約2割で、約8割は自分用の契約だそうだから、言葉は悪いが「生きている人」をどんどん取り込んでいっているのだ。週3回開く説明会には参加者が殺到するという盛況ぶりである。

礼拝堂の回廊に、合同墓を契約した人たちの名前が刻まれていた。ここには、自動搬送式の納骨堂のような個別の参拝室はないが、大ブランド寺院・築地本願寺そのものを「私のお寺」とする仕掛けがある――。

ヒット商品は真似られるのが常だ。納骨堂に関しては、今後、自動搬送式から固定の合同墓へと〝流行〟のシフトもあり得るのではないかとさえ思えてきた。

一方で、土の上に立つ従来の墓が妙に恋しくなってもきた。どの形態を選んだにせよ、「このお墓にしてよかった」と安堵の表情を浮かべて話してくれた多くの人たちを思い出しながら、お墓巡りの旅を終えよう。

おわりに——お墓の未来

お墓は、誰のためのものなのか。

遺された人、もっと言えばお参りする人のためのものだと思う。

なぜお参りするのかと問われると、理屈じゃない。私の場合は、ただただそこに眠る人に手を合わせたくなるから、だろうか。墓前で、妙だが「元気にしていますか」と故人に話しかける。生前を思い出し、ときには「あのときはありがとう」「ごめんなさい」の気持ちが去来する。心の中で、「今、私はこうしています」と報告することもあれば、「○○さんはね」と、親のお墓なら家族のことを、友人のお墓なら共通の友の話題を出すこともある。「見守ってね」と勝手なお願いもする。墓前でなくてもできることばかりだが、わざわざお参りに行きたくなる不思議。身近な人たちが逝ってからのことだ。

「亡くなった方から『いのち』の意味を教えてもらう場。ひいては、限りある『いのち』を、どうしたら精一杯生きることができるかと考える場」と、「早稲田墓陵」を運営する龍善寺住職の平松浄心さんが言った。その平松さんから、自動搬送式の納骨堂について、「なぜ、お参りのたびに遺骨を運んでくる必要があるのか」「遺骨に向かって手を合わせても意味がない」とも聞き、それもそうだと複雑な気持ちになった一幕もあったが、新しいスタイルのお墓を巡る旅を終えた今、お参りすることによって（あるいは、お参りに行けずとも、そこにお墓があるということによって）遺された人の充足感につながるなら、いかなる形でもいいように思える。遺骨が、近代的な納骨堂に行くにせよ、従来型のお墓に行くにせよ、土に還る態勢に入るにせよ、海に泳ぐにせよ、遺された人が「いい」と思うお墓またはお墓的なところに収まるのが最良だ。そんな思いがしている。

本文には書かなかったが、エンディングセンター理事長の井上治代さんが、「どの形態もアリなのです。家族形態も価値観も多様化が進む今、100年後を考えてお墓を選ぶのは不可能です。亡くなった人のお墓は、この先、自分が生きている間、手を合わせて満足感を持てれば充分だし、自分のお墓は『脱家』『個人化』

も視野に入れ、自分らしく選んでいいと思います」と話してくれたことも印象に残る。

お墓は、「今」の時代を映す鑑《かがみ》だ。

戦後の新民法で、家制度も家督相続（長男子の単独相続）もなくなり、きょうだい平等になった。にもかかわらず、分割できない祭祀財産（仏壇、お墓、墓地、遺骨など）は、「長男が継ぐ」のが当然のような習慣が今なお続いている。本書の取材で、実は家を単位とする「檀家」も、法律用語から消えていたと知った。個人単位の「信者」「だん徒」「信徒」という記載となって70年近いのである。「イエに縛られない」永代供養墓の先駆けである「安穏廟」を設けた新潟市の妙光寺院首の小川英爾さんから、「今さら『檀家制度が崩壊してきた』などと言っているの、笑っちゃいます」と聞いたことが、その後ずっと頭にある。

今や「うちの宗派、なんだっけ？」のような人たちも多い。宗派の認識はあっても、その宗派への帰依意識があり、葬祭にかかわる教えまで知る人は非常に稀だろう。核家族化が進んだのは半世紀も前だ。生まれた土地に住み続ける人の方が少ないかもしれない。そのような状況の中で、お墓の形の変化は、多様化する家族の形と人々の生活感のリアルからずいぶん遅れてやってきた。だからこそ、急激なのではないだろうか。

自動搬送式の納骨堂の隆盛ぶりには、「はじめに」や本文中でも触れた数字以上に瞠目《どうもく》するばかりだった。

団塊の世代が逝くと見られる2040年代前半に、「多死社会」は終わり、死亡者数は減少の一途をたどる。今、納骨堂は大阪、名古屋、福岡など地方の拠点都市にも増える勢いだが、長期的に見ても大丈夫なのか。本書でも触れたように、現時点でもリスクは伴っている。それでも、受け入れられているわけである。

2018年8月下旬、「エンディング産業展」という見本市に行った。全国の葬祭設備、サービス、仏壇・仏具関係の企業など260社余りが出展し、大いに賑わっていた。中でも「墓苑・霊園・石材関連」のコーナーの派手だったこと。納骨堂はもちろん、樹木葬の施工会社や墓石の加工会社、遺骨をアクセサリーやオブジェに加工し「手元供養」を勧める会社も、「宇宙葬」のバルーンを飛ばす会社も、宣伝に余念がなかった。

日々進化、である。私が取材に回ったのは、「点」のようなものだ。

しかし、「点」の中にも、考えさせられることが多かった。イエの象徴としてのお墓は、半世紀もすれば今よりも荒涼たる姿を見せているだろう。改葬の場合は「家のルーツ」を肌で感じづらくなるというデメリットはあるが、ビルの中の納骨堂の方が「ふつうのお墓」と呼ばれるようになるかもしれない。あるいは樹木葬や散骨がスタンダードになるかもしれない。と、極端な思いに駆られると共に、お墓を持つのは人類だけで、お墓は文化だと改めて思う。浄土真宗本願寺派直轄寺院のあの築地本願寺に、使用者規模約5万人もの納骨堂が誕生したことは画期的で、今後のお墓の形がさらに変化する予兆と、葬送業界で囁かれている。

最後に――。個人的なことだが、大切な友人が昨年亡くなり、先日、新盆を迎えたその人のお墓に参った。その人は、他の知らない人たちと一緒に、都内の寺の境内に立つ大きな墓石の下に眠る。私にとっては初めての「共同墓」参りだった。一般的なお墓参りとなにがしか違う気持ちになるかもしれないと思っていたが、供花し、手を合わせると、なにひとつ違わなかった。お墓の単位が家か家以外かということ、さらに形態と価格の多寡に、故人と生者のつながりは左右されないと確信した。

取材、ヒアリングに応じてくださった皆さま、ありがとうございました。一部の方は、ご本人の希望により匿名での掲載としました。また、登場者の年齢、お墓の販売状況や価格などの記載は、取材時を基本としています。「女性セブン」連載中から本書の脱稿まで、的確なアドバイスをくれた小学館の橋髙真也さんに謝意を表したい。

2018年初秋

井上理津子

井上理津子
いのうえ・りつこ

1955年奈良県生まれ。タウン誌記者を経てフリーに。
著書に『葬送の仕事師たち』(新潮社)、『親を送る』(集英社)、
『さいごの色街 飛田』(新潮社)、『遊廓の産院から』(河出書房新社)、
『大阪 下町酒場列伝』(筑摩書房)、『すごい古書店 変な図書館』(祥伝社)、
『夢の猫本屋ができるまで』(ホーム社)などがある。

いまどきの納骨堂　変わりゆく供養とお墓のカタチ

2018年10月30日　初版第1刷発行

著者／井上理津子

発行人／鈴木崇司
発行所／株式会社小学館
〒101-8001　東京都千代田区一ツ橋2-3-1
編集：03-3230-5585　販売：03-5281-3555
印刷所／大日本印刷株式会社
製本所／株式会社若林製本工場

販売／中山智子　宣伝／井本一郎
制作／長谷部安弘　編集／橋髙真也

本書は「女性セブン」の連載「お墓、どうしますか？」(2016年12月1日号～12月15日号)と
「お墓、どこにしますか？」(2017年3月30日号～7月13日号)を再構成し、
単行本化にあたって大幅に加筆、修正したものです。

 ISBN 978-4-09-388649-9